EL Bhagavad-gītā

TAL COMO ES

RESUMEN DEL CONTENIDO DE GITA

EDITORIAL VISHNUPADA

Malaga España 2012

Editorial Vishnupada

Derechos reservados

ISBN-13: 978-1517507084
ISBN-10: 1517507081
Diseño de portada

Xavi Gaviola

El objetivo de esta Editorial es la de difundir conocimiento transcendental, para que todo aquel que busca, tengan la oportunidad de ahondar y desarrollar su mundo interior. Independiente de los colores políticos, filosóficos y religiosos. Esta presentación trata de llegar al público llano de forma clara, Simple, con un lenguaje comprensible y ameno.

EDITORIAL VISHNUPAD

El Bhagavad-gita

TAL COMO ES

RESUMEN DEL CONTENIDO DE GITA

Srila Japananda dasa acbsp

Recopilador

**Basado en la obra del Fundador Acarya de la
Sociedad Internacional Para la Consciencia de Krishna**

A.C.Bhaktivedanta Swami Prabhupada

2012

EDITORIAL VISHNUPADA

El Bhagavad-gita
Un episodio del Mahabharata

Descripción de la escena

(Basado en el Bhagavad-gita Tal como Es de A.C.Bhaktivedanta Swami Prabhupada
Fundador Acarya de la Sociedad Internacional para la Conciencia de Krishna,
Recopilación y edición de Srila Japananda Das ACBSP)

El Bhagavad-gita aparece originalmente como un episodio del Mahabharata, la historia épica sánscrita del mundo antiguo. El Mahabharata relata los sucesos que condujeron a la presente era de Kali. Fue al comienzo de esta era, unos cincuenta siglos atrás, cuando Sri Krsna explicó el Bhagavad-gita a Su amigo y devoto, Arjuna.

Su conversación, uno de los diálogos filosóficos y religiosos más sobresalientes que haya conocido el hombre, tuvo lugar inmediatamente antes del comienzo de una guerra, un gran conflicto fratricida entre los cien hijos de Dhrtarastra y, en el lado oponente, sus primos, los Pandavas, los hijos de Pandu.

Dhrtarastra y Pandu eran dos hermanos pertenecientes a la dinastía Kuru, que descendía del rey Bharata, un antiguo gobernante de la Tierra de cuyo nombre proviene la palabra Mahabharata. Puesto que Dhrtarastra, el hermano mayor

5

nació ciego, el trono, que de otro modo hubiera sido suyo, pasó a su hermano menor, Pandu.

Cuando murió Pandu, joven aún, sus cinco hijos, Yudhisthira, Bhima, Arjuna, Nakula y Sahadeva, quedaron al cuidado de Dhrtarastra, quien por el momento tomó en realidad el puesto de rey. Así pues, los hijos de Dhrtarastra y los Pandu crecieron en la misma casa real. Unos y otros recibieron entrenamiento en las artes militares con el experto Drona, y consejo del venerado «abuelo» del clan, Bhisma.

Pero los hijos de Dhrtarastra, sobre todo el mayor, Duryodhana, odiaban y envidiaban a los Pandavas. Y el ciego y malintencionado Dhrtarastra quería que heredasen el reino sus propios hijos, y no los de Pandu.

De modo que Duryodhana, con el consentimiento de Dhrtarastra, planeó matar a los jóvenes hijos de Pandu, y solamente gracias a la cuidadosa protección de su tío Vidura y de su primo Sri Krsna pudieron los Pandavas escapar a los muchos atentados que realizó contra su vida.

Ahora bien, Sri Krsna no era un hombre corriente sino el mismo Dios Supremo, que había descendido a la Tierra y estaba representando el papel de príncipe de una dinastía contemporánea. En ese papel Él era también el sobrino de la esposa de Pandu, de nombre Kunti, o Prtha, la madre de los Pandavas. De modo que, tanto en el papel de pariente como en el de defensor eterno de la religión, Krsna favorecía a los rectos hijos de Pandu, y los protegía.

Al final, sin embargo, el astuto Duryodhana desafió a los Pandavas en el juego. En el curso de aquella fatídica partida, Duryodhana y sus hermanos se apoderaron de Draupadi, la casta y consagrada esposa de los Pandavas, y, de manera insultante, trataron de desnudarla ante toda la asamblea de príncipes y reyes. La divina intervención de Krsna la salvó, pero el juego, que estaba manipulado, privó a los Pandavas de su reino, y les impuso un exilio de trece años.

Al regresar del exilio, los Pandavas reclamaron con derecho su reino a Duryodhana, el cual se negó rotundamente a entregarlo. Comprometidos por su deber de príncipes a servir en la administración pública, los Pandavas redujeron su petición a solamente cinco aldeas. Pero Duryodhana respondió con arrogancia que no les concedería terreno suficiente ni para clavar un alfiler.

Hasta entonces, los Pandavas habían sido tolerantes. Pero ahora la guerra parecía inevitable.

No obstante, mientras los príncipes del mundo se dividían, poniéndose unos al lado de los hijos de Dhrtarastra y otros al lado de los Pandavas, Krsna aceptó personalmente el papel de mensajero de los hijos de Pandu, y fue a la corte de Duryodhana a pedir la paz. Al ser rechazadas Sus súplicas, la guerra fue irremediable.

Los Pandavas, hombres de la más elevada estatura moral, reconocían a Krsna como Suprema Personalidad de Dios, pero no los impíos hijos de Dhrtarastra. Con todo, Krsna se ofreció a participar en la guerra según el deseo de los contrincantes. Como era Dios, no lucharía personalmente; pero el que lo desease podía disponer del ejército de Krsna, mientras que los adversarios tendrían al propio Krsna como consejero y ayudante. Duryodhana, el genio político, se hizo con las fuerzas armadas de Krsna, mientras que los Pandavas se sentían igualmente de satisfechos de tener a Krsna.

De este modo, Krsna fue el auriga de Arjuna, encargándose personalmente de conducir la cuadriga del legendario arquero. Esto nos lleva al punto en el que comienza el Bhagavad-gita, con los dos ejércitos formados, listos para el combate, y Dhrtarastra preguntando ansiosamente a su secretario, Sañjaya:

¿Qué han hecho mis hijos y los hijos de Pandhu, después de reunirse en el lugar de peregrinación de Kurukshetra, encontrándose deseosos de luchar?

El Señor Sri Krishna

El orador de El Bhagavad-gita

El Bhagavad-gita se conoce también con el nombre de El Gitopanisad. Esta obra es la esencia del conocimiento védico y uno de los Upanisads más importantes de la literatura védica.

El espíritu de El Bhagavad-gita se menciona en el propio Bhagavad-gita. Es como si, por ejemplo, quisiéramos tomar cierta medicina. Tendríamos, entonces, que seguir las indicaciones de la etiqueta. No podemos tomarnos la medicina según nuestros propios caprichos o según las indicaciones de algún amigo. La medicina se debe tomar siguiendo las indicaciones de la etiqueta o las indicaciones de un médico. De modo similar, El Bhagavad-gita debe tomarse o aceptarse tal como el propio orador lo indica. El orador de El Bhagavad-gita es el Señor Sri Krishna. A Él se lo menciona en cada página de El Bhagavad-gita como la Suprema Personalidad de Dios, Bhagavan. Claro que, la palabra Bhagavan se refiere a veces a cualquier persona o semidiós que sea poderoso, e, indudablemente, la palabra Bhagavan designa aquí al Señor Sri Krshna como una gran personalidad, pero al mismo tiempo hemos de saber que el Señor Sri Krishna es la Suprema Personalidad de Dios, como lo confirman todos los grandes acaryas (maestros espirituales), tales como Sankaracarya, Ramanujacarya, Madhvacarya, Nimbarka Svami, Sri Caitanya Mahaprabhu, y muchas otras autoridades de la India en el conocimiento védico. En El Bhagavad-gita, el mismo Señor establece también que Él es la Suprema Personalidad de Dios, y El Brahma-samhita y todos los Puranas lo aceptan como tal, especialmente El Srimad-Bhagavatam, conocido como El Bhagavata-Purana (krishnas tu bhagavan svayam). Por consiguiente, debemos tomar El Bhagavad-gita tal como lo indica la propia Personalidad de Dios. En el Capítulo Cuatro del Gita (4.1–3), el Señor dice: a Arjuna que este sistema de yoga, El Bhagavad-gita, primero le fue expuesto al dios del Sol, éste se lo explicó a Manu, Manu se lo explicó a Iksvaku, y de ese modo, por sucesión discipular y de un orador a otro, ese sistema de yoga fue descendiendo. Pero, con el transcurso del tiempo, el sistema se perdió. En consecuencia, el Señor tiene que exponerlo de nuevo, esta vez a Arjuna en el campo de batalla de Kuruksetra.

Él le dice a Arjuna que le está refiriendo este secreto supremo por Arjuna ser Su devoto y amigo. Esto significa que El Bhagavad-gita es un tratado que está dirigido especialmente al devoto del Señor. Hay tres clases de trascendentalistas, a saber, el jñani, el yogi y el bhakta, o, el impersonalista, el meditador y el devoto. Aquí, el Señor le dice a Arjuna claramente que lo está convirtiendo en el primer receptor de un nuevo parampara (sucesión discipular), porque la antigua sucesión se había roto. Era, pues, el deseo del Señor establecer otro parampara que siguiera la misma línea de pensamiento que descendía del dios del Sol a otros, y era Su deseo también que Arjuna distribuyera de nuevo Sus enseñanzas. Él quería que Arjuna se volviera la autoridad en la manera de entender El Bhagavad-gita. Así pues, vemos que El Bhagavad-gita se le instruyó a Arjuna especialmente por él ser un devoto del Señor, un alumno directo de Krishna y un amigo íntimo de Él. Por lo tanto, quien mejor entiende El Bhagavad-gita es una persona que tenga cualidades similares a las de Arjuna. Es decir, dicha persona debe ser un devoto que tenga una relación directa con el Señor. En cuanto uno se vuelve devoto del Señor, tiene también una relación directa con Él. Éste es un tema muy complejo, pero, en pocas palabras, puede decirse que un devoto tiene una relación con la Suprema Personalidad de Dios de una de estas cinco diferentes maneras:

1. Se puede ser devoto en un estado pasivo;
2. Se puede ser devoto en un estado activo;
3. Se puede ser devoto como amigo;
4. Se puede ser devoto como padre o madre;
5. Se puede ser devoto como amante conyugal.

Arjuna tenía con el Señor una relación de amigo. Desde luego, hay un abismo entre esta amistad y aquella que encontramos en el mundo material. La primera es una amistad trascendental que no todos pueden tener. Claro que, todo el mundo tiene una relación específica con el Señor, y esa relación se evoca mediante el perfeccionamiento del servicio devocional. Pero nosotros, en la condición actual de nuestra vida, no sólo hemos olvidado al Señor Supremo, sino que también hemos olvidado la relación eterna que tenemos con Él. Cada uno de los muchos y muchos billones y trillones de seres vivientes que existen, tiene eternamente una relación específica con el Señor. Eso se denomina svarupa. Mediante el proceso del servicio devocional uno puede revivir ese svarupa, y esa etapa se denomina svarupa-siddhi —la perfección de la posición constitucional de uno—. De modo que, Arjuna era un devoto, y estaba en contacto con el Señor Supremo a través de la amistad.

Debe notarse la manera en que Arjuna aceptó este Bhagavad-gita. Ello se indica en el Capítulo Diez (10.12–14):

"Arjuna dijo: Tú eres la Suprema Personalidad de Dios, la morada suprema, lo más puro que existe, la Verdad Absoluta. Tú eres la persona original, trascendental y eterna, el innaciente, el más grande de todos. Todos los grandes sabios, tales como Narada, Asita, Devala y Vyasa, confirman esta verdad acerca de Ti, y ahora Tú mismo me lo estás expresando. ¡Oh, Krshna!, yo acepto totalmente como cierto todo lo que me has dicho. Ni los semidioses ni los demonios, ¡oh, Señor!, pueden entender Tu personalidad".

Después de oír a la Suprema Personalidad de Dios exponer El Bhagavad-gita, Arjuna aceptó a Krishna como param brahma, el Brahman Supremo. Todo ser viviente es Brahman, pero el ser viviente supremo, o la Suprema Personalidad de Dios, es el Brahman Supremo. Param dhama significa que Él es el reposo o morada de todo, pavitram significa que Él es puro, que no lo toca la contaminación material, purusam significa que Él es el disfrutador supremo, sasvatam, original, divyam, trascendental, adi-devam, la Suprema Personalidad de Dios, ajam, el innaciente, y vibhum, el más grande de todos.

Ahora bien, se pudiera pensar que como Krishna era el amigo de Arjuna, este último le estaba diciendo todo eso a modo de adulación; pero Arjuna, tan sólo para eliminar esa clase de dudas de la mente de los lectores de El Bhagavad-gita, respalda esas alabanzas en el siguiente verso, cuando dice que no sólo él acepta a Krishna como la Suprema Personalidad de Dios, sino también autoridades tales como Narada, Asita, Devala y Vyasadeva. Éstas son grandes personalidades que distribuyen el conocimiento védico tal como lo aceptan todos los acaryas. Por lo tanto, Arjuna le dice a Krishna que acepta como completamente perfecto todo lo que Krishna dice. Sarvam etad rtam manye: "Acepto como cierto todo lo que dices". Arjuna también dice que la personalidad del Señor es muy difícil de entender, y que ni siquiera los grandes semidioses pueden conocerlo. Esto significa que ni siquiera personalidades superiores a los seres humanos pueden conocer al Señor. Entonces, ¿cómo puede un ser humano entender a Sri Krishna sin convertirse en devoto de Él?

Por consiguiente, El Bhagavad-gita debe recibirse con un espíritu de devoción. Uno no debe creerse igual a Krishna, ni creer que Krishna es una personalidad ordinaria, o, ni siquiera, que es una personalidad muy destacada. El Señor Sri Krishna es la Suprema Personalidad de Dios. Así que, según los postulados de El Bhagavad-gita o los postulados de Arjuna, que es la persona que está tratando de entender El Bhagavad-gita, aunque sea teóricamente debemos aceptar a Sri Krishna como la Suprema Personalidad de Dios, y con ese espíritu sumiso podremos entender El Bhagavad-gita. A menos que uno lea El Bhagavad-gita con un espíritu sumiso, es muy difícil entenderlo, ya que constituye un gran misterio.

Y, ¿qué es en sí El Bhagavad-gita?

El Bhagavad-gita tiene el propósito de liberar a la humanidad de la nesciencia de la existencia material. Todos los hombres se hallan en dificultades de muchísimas maneras, tal como Arjuna también se hallaba en dificultades por el hecho de tener que librar la Batalla de Kuruksetra. Arjuna se entregó a Sri Krishna, y como consecuencia de ello se expuso este Bhagavad-gita. No sólo Arjuna: cada uno de nosotros está lleno de ansiedades a causa de esta existencia material. Nuestra misma existencia se encuentra en la atmósfera de la no existencia. En realidad, que la no existencia nos amenace no es propio de nuestra naturaleza. Nuestra existencia es eterna. Pero de una forma u otra se nos pone en el seno de lo asat. Asat se refiere a aquello que no existe.

De entre muchísimos seres humanos que están sufriendo, hay unos cuantos que de hecho indagan acerca de su posición y que se preguntan quiénes son, por qué se los pone en esta situación difícil, etc. A uno no se lo puede considerar que es un ser humano perfecto, a menos que despierte y llegue a esa posición de hacerse preguntas acerca de su sufrimiento, a menos que se dé cuenta de que no quiere sufrir, sino que, por el contrario, quiere buscarles una solución a todos los sufrimientos. Lo humano empieza cuando esta clase de indagación se despierta en la mente de uno. En El Brahma-sutra, esa indagación se denomina brahma-jijñasa. Athatho brahma-jijñasa. Todas las actividades del ser humano deben considerarse un fracaso, a menos que éste indague cuál es la naturaleza del Absoluto. Por lo tanto, aquellos que comienzan a preguntarse por qué están sufriendo o de dónde vienen y a dónde irán después de morir, son estudiantes idóneos de El Bhagavad-gita que pueden entenderlo. El estudiante sincero también debe tener un firme respeto por la Suprema Personalidad de Dios. Arjuna era un estudiante de esa índole.

El Señor Krishna desciende específicamente para restablecer el verdadero propósito de la vida, cuando el hombre olvida ese propósito. Incluso entonces, de entre muchísimos seres humanos que despiertan, puede que haya uno que verdaderamente adopte el espíritu de entender su posición, y para él se habla este Bhagavad-gita. En verdad, a todos nos ha tragado el tigre de la nesciencia, pero el Señor es muy misericordioso con las entidades vivientes, en especial con los seres humanos. Con ese fin habló El Bhagavad-gita, convirtiendo en Su alumno a Su amigo Arjuna.

Siendo un asociado del Señor Krishna, Arjuna estaba por encima de toda ignorancia, pero a él se lo sumió en la ignorancia en el campo de batalla de Kuruksetra, tan sólo para que le hiciera preguntas al Señor Krishna acerca de los problemas de la vida, de manera que el Señor pudiera explicarlos para beneficio de las generaciones futuras de seres humanos y trazar así el plan de la vida. El hombre podría entonces actuar de conformidad con ello y perfeccionar la misión de la vida humana.

La materia de que trata El Bhagavad-gita entraña la comprensión de cinco verdades básicas. En primer lugar, se explica la ciencia de Dios, y luego, la posición constitucional de las entidades vivientes, las jivas. Existe el isvara, que significa el controlador, y existen las jivas, las entidades vivientes a quienes se controla. Si una entidad viviente dice que a ella no la controlan, sino que es libre, entonces está demente. El ser viviente está controlado en todo aspecto, al menos en su vida condicionada. Así que la materia que se estudia en El Bhagavad-gita trata del isvara, el supremo controlador, y las jivas, las entidades vivientes controladas. También se discuten prakrti (la naturaleza material), el tiempo (la duración de la existencia de todo el universo o de la manifestación de la naturaleza material) y karma (la actividad). La manifestación cósmica está llena de diferentes actividades. Todas las entidades vivientes están dedicadas a diferentes actividades. Con El Bhagavad-gita debemos aprender qué es Dios, qué son las entidades vivientes, qué es prakrti, qué es la manifestación cósmica, cómo el tiempo la controla y cuáles son las actividades de las entidades vivientes.

De estos cinco temas básicos, en El Bhagavad-gita se establece que la Divinidad Suprema, o Krishna, o Brahman, o el supremo controlador, o Paramatma —se puede emplear el nombre que se desee—, es el más importante de todos. Los seres vivientes son semejantes al controlador supremo desde el punto de vista cualitativo. Por ejemplo, el Señor tiene el control de los asuntos universales de la naturaleza material, como se explicará en los capítulos finales de El Bhagavad-gita. La naturaleza material no es independiente. Ella actúa bajo la dirección del Señor Supremo. Como dice el Señor Krsna: mayadhyaksena prakrtih suyate sa-caracaram, "Esta naturaleza material está actuando bajo mi dirección". Cuando vemos que en la naturaleza cósmica ocurren cosas maravillosas, hemos de saber que tras esamanifestación cósmica hay un controlador. Nada podría manifestarse sin estar controlado. Es pueril no tener en cuenta al controlador. Por ejemplo, un niño puede que piense que el automóvil es algo muy maravilloso, por ser capaz de desplazarse sin ser tirado por un caballo u otro animal, pero un hombre cuerdo conoce la naturaleza del funcionamiento mecánico del automóvil. Él siempre sabe que tras la maquinaria hay un hombre, un conductor. De modo similar, el Señor Supremo es el conductor bajo cuya dirección todo está funcionando. Ahora bien, como notaremos en los capítulos finales, el Señor ha aceptado que las jivas, o las entidades vivientes, son Sus partes integrales. Una partícula de oro también es oro, una gota de agua del océano también es salada, y, de igual manera, nosotros, las entidades vivientes, siendo parte integral del supremo controlador, isvara, o Bhagavan, el Señor Krishna, tenemos todas las cualidades del Señor Supremo en una diminuta cantidad, porque somos isvaras diminutos, isvaras subordinados. Nosotros estamos tratando de controlar la naturaleza, tal como actualmente estamos tratando de controlar el espacio o los planetas, y esa tendencia a controlar existe porque se halla en Krishna. Pero aunque tenemos la tendencia a enseñorearnos de la naturaleza material, debemos saber que no somos el controlador supremo. Ello se explica en El Bhagavad-gita.

¿Qué es la naturaleza material? Eso también se explica en el Gita, diciendo que es prakrti inferior, naturaleza inferior. A la entidad viviente se la explica como la prakrti superior. Ya sea superior o inferior, prakrti siempre se halla bajo control. Prakrti es femenina, y el Señor la controla tal como el esposo controla las actividades de la esposa. Prakrti siempre está subordinada, predominada por el Señor, quien es el predominador. Tanto las entidades vivientes como la naturaleza material están predominadas, controladas, por el Señor Supremo. De acuerdo con el Gita, aunque las entidades vivientes son partes integrales del Señor Supremo, se las debe considerar prakrti. Eso se menciona claramente en el Capítulo Siete de El Bhagavad-gita. Apareyam itas tv anyam prakrtim viddhi me param/ jiva-bhutam: "Esta naturaleza material es Mi prakrti inferior, pero más allá de ella hay otra prakrti: jiva-bhutam, la entidad viviente".

La propia naturaleza material está constituida por tres cualidades: la modalidad de la bondad, la modalidad de la pasión y la modalidad de la ignorancia. Por encima de estas modalidades se halla el tiempo eterno, y mediante una combinación de esas modalidades de la naturaleza, y bajo el control y la supervisión del tiempo eterno, aparecen las actividades, las cuales se denominan karma. Estas actividades se están realizando desde tiempo inmemorial, y nosotros estamos sufriendo o disfrutando de los frutos de nuestras actividades. Por ejemplo, supóngase que yo soy un hombre de negocios que ha trabajado muy duro y con inteligencia, y que ha amasado una gran fortuna. Entonces, soy un disfrutador. Pero, supóngase que luego pierdo todo mi dinero en los negocios. Entonces, me embarga el sufrimiento. De la misma manera, en cada aspecto de la vida disfrutamos de los resultados de nuestro trabajo o sufrimos con los resultados de él. Eso se denomina karma.

En El Bhagavad-gita se explican todos esos temas: isvara (el Señor Supremo), jiva (la entidad viviente), prakrti (la naturaleza), kala (el tiempo eterno) y karma (la actividad). De estos cinco, el Señor, las entidades vivientes, la naturaleza material y el tiempo son eternos. La manifestación de prakrti puede que sea temporal, pero no es falsa. Algunos filósofos dicen que la manifestación de la naturaleza material es falsa, pero, según la filosofía de El Bhagavad-gita o según la filosofía de los vaisnavas, no es así. La manifestación del mundo no se acepta como falsa; se acepta como real, pero temporal. Se dice que se asemeja a una nube que se desplaza por el cielo, o a la llegada de la estación lluviosa que nutre los granos. En cuanto la estación lluviosa se acaba y la nube desaparece, se secan todos los cultivos que la lluvia nutría. De la misma manera, esta manifestación material aparece en un cierto momento, permanece por un tiempo y luego desaparece. Así es el funcionamiento de prakrti. Pero ese ciclo existe eternamente. Por lo tanto, prakrti es eterna; no es falsa. El Señor se refiere a ella como "Mi prakrti". Esta naturaleza material es la energía separada del Señor Supremo, y, de igual manera, las entidades vivientes también son la energía del Señor Supremo, aunque no están separadas, sino, más bien, relacionadas eternamente. Así que, el Señor, la entidad viviente, la naturaleza material y el tiempo están todos interrelacionados y son todos eternos. Sin embargo, el otro factor, karma, no es eterno. Los efectos del karma puede que sean de hecho muy antiguos. Estamos padeciendo o disfrutando de los resultados de nuestras actividades desde tiempos inmemoriales, pero podemos cambiar los resultados de nuestro karma, o actividad, y ese cambio depende del perfeccionamiento de nuestro conocimiento. Estamos dedicados a diversas actividades, e, indudablemente, no sabemos qué clase de actividades deberíamos adoptar para lograr liberarnos de las acciones y reacciones de todas ellas, pero esto también se explica en El Bhagavad-gita.

La posición de isvara, el Señor Supremo, es la de ser la conciencia suprema. Las jivas, o las entidades vivientes, siendo partes integrales

15

del Señor Supremo, también están conscientes. Tanto a la entidad viviente como a la naturaleza material se las explica como prakrti, energía del Señor Supremo, pero una de las dos, la jiva, está consciente; la otra prakrti no lo está. He ahí la diferencia. Por consiguiente, la jiva-prakrti se denomina superior, debido a que la jiva tiene una conciencia que es similar a la del Señor. Sin embargo, la del Señor es la conciencia suprema, y uno no debe creer que la jiva, la entidad viviente, también es supremamente consciente. El ser viviente no puede ser supremamente consciente en ninguna etapa de su perfeccionamiento, y la teoría de que puede serlo es una teoría engañosa. Consciente sí puede ser, pero no perfecta o supremamente consciente.

La diferencia que hay entre la jiva y el isvara se explicará en el Capítulo Trece de El Bhagavad-gita. El Señor es ksetra-jña, está consciente, tal como lo está el ser viviente, pero el ser viviente está consciente de su cuerpo en particular, mientras que el Señor está consciente de todos los cuerpos. Como Él vive en el corazón de todo ser viviente, está consciente de los movimientos psíquicos de cada jiva en particular. No debemos olvidar esto. También se explica que el Paramatma, la Suprema Personalidad de Dios, vive en el corazón de todos como isvara, como el controlador, y que le da indicaciones a la entidad viviente para que actúe como lo desee. La entidad viviente se olvida de lo que hay que hacer. Primero decide actuar de una cierta manera, y luego se enreda en las acciones y reacciones de su propio karma. Después de abandonar un tipo de cuerpo, entra en otro tipo de cuerpo, tal como uno se pone y se quita la ropa. Mientras el alma transmigra de ese modo, sufre las acciones y reacciones de sus actividades pasadas. Esas actividades pueden cambiarse cuando el ser viviente se halla bajo el control de la modalidad de la bondad, cuando está cuerdo y entiende qué clase de actividades debe adoptar. Si así lo hace, se puede entonces hacer que cambien todas las acciones y reacciones de sus actividades pasadas. En consecuencia, el karma no es eterno. Por lo tanto, dijimos que de los cinco factores (isvara, jiva, prakrti, el tiempo y el karma), cuatro son eternos, mientras que el karma no lo es.

El supremo isvara consciente es semejante a la entidad viviente en esto: tanto la conciencia del Señor como la de la entidad viviente son trascendentales. La conciencia no la genera la asociación con la materia. Ésa es una idea equivocada. En El Bhagavad-gita no se acepta la teoría de que la conciencia se desarrolla bajo ciertas circunstancias producto de la combinación material. La cobertura de las circunstancias materiales puede hacer que la conciencia se refleje de un modo desvirtuado, de la misma manera en que la luz que se refleja a través de un vidrio teñido puede que parezca ser de un cierto color; pero a la conciencia del Señor no la afecta lo material. El Señor Krishna dice: mayadhyaksena prakrtih. Cuando Él desciende al universo material, Su conciencia no es afectada por lo material. Si ello lo afectara, Él no sería apto para hablar de asuntos trascendentales, tal como lo hace en El Bhagavad-gita. Uno no puede decir nada acerca del mundo trascendental, si no está libre de la conciencia contaminada por lo material. Así que al Señor no lo contamina lo material, pero en los actuales momentos nuestra conciencia sí se halla contaminada por lo material. El Bhagavad-gita enseña que tenemos que purificar esa conciencia contaminada por lo material. Al encontrarnos en el estado de conciencia pura, nuestras acciones se acoplarán con la voluntad del isvara, y eso nos hará felices. No ha de creerse que tenemos que cesar todas las actividades, sino que nuestras actividades deben ser purificadas, y, una vez purificadas, se denominan bhakti. Las actividades en estado de bhakti parecen ser actividades ordinarias, pero no están contaminadas. Una persona ignorante puede que vea que el devoto está obrando o trabajando como un hombre ordinario, pero dicha persona de escaso acopio de conocimiento no sabe que a las actividades del devoto o del Señor no las contamina la conciencia impura o la materia. Ellos son trascendentales a las tres modalidades de la naturaleza. Hemos de saber, sin embargo, que en este momento nuestra conciencia está contaminada.

Cuando estamos contaminados por lo material, se nos llama condicionados. La conciencia falsa se exhibe bajo la impresión de que "yo soy un producto de la naturaleza material". Eso se denomina ego falso. Aquel que está absorto en pensar en concepciones corporales, no puede entender su situación. El Bhagavad-gita se presentó para liberarlo a uno de la concepción corporal de la vida, y Arjuna se puso en esa posición para recibir esa información de labios del Señor. Uno tiene que liberarse de la concepción corporal de la vida; eso constituye la actividad preliminar del trascendentalista. Aquel que quiere ser libre, que quiere liberarse, debe primero que todo aprender que no es este cuerpo material. Mukti, o liberación, significa estar libre de la conciencia material.

También en El Srimad-Bhagavatam se da la definición de liberación. Muktir hitvanyatha-rupam svarupena vyavasthitih: mukti significa liberarse de la conciencia contaminada de este mundo material, y situarse en el estado de conciencia pura. Todas las instrucciones de El

Bhagavad-gita tienen la finalidad de despertar esa conciencia pura, y, por consiguiente, encontramos que en la última etapa de las instrucciones del Gita, Krishna le pregunta a Arjuna si ya se encuentra en el estado de conciencia purificada. Conciencia purificada significa actuar de conformidad con las instrucciones del Señor. Ésta es toda la esencia de la conciencia purificada. Como somos partes integrales del Señor, la conciencia ya está allí, pero en nuestro caso existe la propensión a ser afectados por las modalidades inferiores. Mas, el Señor, siendo el Supremo, nunca se ve afectado. Ésa es la diferencia entre el Señor Supremo y las pequeñas almas individuales.

¿Qué es esa conciencia? Esa conciencia es "yo soy". Y, ¿qué soy? Cuando la conciencia está contaminada, "yo soy" significa "yo soy el señor de todo lo que veo. Yo soy el disfrutador". El mundo gira porque cada ser vivo cree que es el señor y creador del mundo material. La conciencia material tiene dos divisiones psíquicas. Una de ellas es que "yo soy el creador" y la otra es que "yo soy el disfrutador". Pero, en realidad, el Señor Supremo es tanto el creador como el disfrutador, y la entidad viviente, siendo parte integral del Señor Supremo, no es ni el creador ni el disfrutador, sino un cooperador. Ella es lo creado y lo disfrutado. Por ejemplo, una parte de una máquina coopera con toda la máquina; una parte del cuerpo coopera con todo el cuerpo. Las manos, las piernas, los ojos, etc., son todos partes del cuerpo, pero no son realmente los disfrutadores. El estómago es el disfrutador. Las piernas transportan, las manos suministran comida, los dientes mastican, y todas las partes del cuerpo se ocupan de satisfacer al estómago, porque éste es el principal factor que nutre el funcionamiento del cuerpo. Por lo tanto, al estómago se le da todo. Uno nutre el árbol regando su raíz, y uno nutre el cuerpo alimentando al estómago, pues para que el cuerpo se mantenga sano, las partes del cuerpo deben cooperar en alimentar al estómago. De igual manera, el Señor Supremo es el disfrutador y el creador, y nosotros, como seres vivientes subordinados que somos, tenemos la función de cooperar para satisfacerlo. Esa cooperación de hecho nos ayudará, tal como la comida que recibe el estómago ayuda a todas las demás partes del cuerpo. Si los dedos de la mano creen que ellos deben tomar la comida en vez de proporcionársela al estómago, se frustrarán. La figura central de la creación y del disfrute es el Señor Supremo, y las entidades vivientes son cooperadoras. La relación es también como la que hay entre el amo y el sirviente. Si el amo está plenamente satisfecho, entonces el sirviente también lo estará. Así mismo, se debe satisfacer al Señor Supremo, aunque la tendencia a volverse el creador y la tendencia a disfrutar el mundo material también se encuentran en las entidades vivientes, porque esas tendencias se hallan en el Señor Supremo, el cual creó el mundo cósmico manifestado.

Encontraremos, pues, en este Bhagavad-gita, que el todo completo comprende al controlador supremo, las entidades vivientes controladas, la manifestación cósmica, el tiempo eterno y karma, o las actividades, y todo ello se explica en este texto. Todo ello tomado en conjunto forma el todo completo, y a éste se lo denomina la Suprema Verdad Absoluta. El todo completo y la Verdad Absoluta completa constituyen la Suprema Personalidad de Dios completa, Sri Krishna. Todas las manifestaciones se deben a Sus diferentes energías. Él es el todo completo.

En el Gita se explica además que el Brahman impersonal también está subordinado a la Suprema Persona completa (brahmano hi pratisthaham). En El Brahma-sutra, el Brahman se explica de un modo más explícito, diciendo que es como los rayos de la luz del Sol. El Brahman impersonal constituye los luminosos rayos de la Suprema Personalidad de Dios. El Brahman impersonal es la comprensión incompleta del todo absoluto, tal como lo es también la concepción de Paramatma. En el Capítulo Quince se verá que la Suprema Personalidad de Dios, Purusottama, está más allá tanto del Brahman impersonal como de la parcial comprensión de Paramatma. La Suprema Personalidad de Dios se dice que es sac-cid-ananda-vigraha. El Brahma-samhita empieza de la siguiente manera: isvarah paramah krsnah sac-cid-ananda-vigrahah/ anadir adir govindah sarva-karana-karanam. "Govinda, Krsna, es la causa de todas las causas. Él es la causa original y la propia forma de la eternidad, el conocimiento y la bienaventuranza". La comprensión del Brahman impersonal es la comprensión de Su característica sat (eternidad). La comprensión Paramatma es la comprensión del sat, cit (conocimiento eterno). Pero la comprensión de la Personalidad de Dios, Krishna, es la comprensión de todas las características trascendentales —sat, cit y ananda (eternidad, conocimiento y bienaventuranza) —, en vigraha (forma) completa.

Cierta gente con poca inteligencia considera que la Verdad Suprema es impersonal. Pero Él es una persona trascendental, y esto lo confirman todas las Escrituras védicas.

Nityo nityanam cetanas cetananam (Katha Upanisad 2.2.13). Así como nosotros somos seres vivientes individuales y tenemos nuestra individualidad, la Suprema Verdad Absoluta también es, en fin de cuentas, una persona, y la comprensión de la Personalidad de Dios es la comprensión de todas las características trascendentales, en Su forma completa. El todo completo no carece de forma. Si Él fuera informe o si fuera menos que cualquier otra cosa, entonces no podría ser el todo completo. El todo completo debe poseer todo lo que se halle dentro del marco de nuestra experiencia y más allá de ella, pues, de lo contrario, no podría ser completo.

El todo completo, la Personalidad de Dios, tiene inmensas potencias (parasya saktir vividhaiva sruyate). En El Bhagavad-gita también se explica cómo Krsna actúa con diferentes potencias. Este mundo de fenómenos, o mundo material, en el que se nos ha puesto, también es completo en sí mismo, porque los veinticuatro elementos de los que, según la filosofía sankhya, este universo material es una manifestación temporal, están completamente adaptados para producir recursos completos, que se requieren para el mantenimiento y subsistencia de este universo. No hay nada que sea ajeno; ni tampoco se requiere de nada. Esta manifestación tiene su propio tiempo, fijado por la energía del todo supremo, y cuando su tiempo se complete, estas manifestaciones temporales serán aniquiladas por la disposición completa del completo. Existen facilidades completas para que las pequeñas unidades completas, es decir, las entidades vivientes, lleguen a comprender al completo, y todas las clases de estados incompletos se experimentan a causa del conocimiento incompleto acerca del completo. De manera que, El Bhagavad-gita contiene el conocimiento completo de la sabiduría védica.

Todo el conocimiento védico es infalible, y los hindúes aceptan el conocimiento védico como completo e infalible. Por ejemplo, el estiércol de la vaca es el excremento de un animal, y, según el smrti, o el mandamiento védico, si uno toca el excremento de un animal, tiene que bañarse para purificarse. Pero en las Escrituras védicas se considera que el estiércol de vaca es un agente purificador. Uno pudiera considerar que esto es contradictorio, pero se acepta por ser un mandamiento védico, y, en efecto, uno no comete ningún error al aceptarlo. Posteriormente, la ciencia moderna ha comprobado que el estiércol de vaca contiene toda clase de propiedades antisépticas. Así que el conocimiento védico es completo, debido a que está más allá de toda duda y error, y El Bhagavad-gita es la esencia de todo el conocimiento védico.

El conocimiento védico no es una cuestión de investigación. Nuestra labor de investigación es imperfecta, porque estamos investigando las cosascon sentidos imperfectos. Tenemos que adquirir conocimiento perfecto, que, como se declara en El Bhagavad-gita, desciende mediante el parampara (la sucesión discipular). Tenemos que recibir el conocimiento de labios de la fuente indicada que forme parte de la sucesión discipular que comienza con el maestro espiritual supremo, el propio Señor, y del que se le ha hecho entrega a una sucesión de maestros espirituales. Arjuna, quien fue el alumno del Señor Sri Krishna, acepta todo lo que Él dice, sin contradecirlo. No se permite que uno acepte una porción de El Bhagavad-gita y otra no. De ninguna manera. Debemos aceptar El Bhagavad-gita sin interpretarlo, sin omisiones y sin una participación caprichosa en la materia. Se debe tomar el Gita como la presentación más perfecta del conocimiento védico. El conocimiento védico se recibe proveniente de fuentes trascendentales, y las primeras palabras las habló el propio Señor. Las palabras que habla el Señor se denominan apauruseya, lo cual significa que son diferentes de las palabras que habla una persona mundana, la cual adolece de cuatro defectos. Una persona mundana (1) es seguro que comete errores, (2) siempre está engañada, (3) tiene la tendencia a engañar a los demás, y (4) se halla limitada por unos sentidos imperfectos. Con estas cuatro imperfecciones, uno no puede proporcionar información perfecta acerca del conocimiento omnipresente.

El Bhagavad-gita
El conocimiento védico

El conocimiento védico no lo imparte esa clase de entidades vivientes defectuosas que hemos expresado. Este conocimiento se impartió en el corazón a Brahma, el primer ser viviente que fue creado, y Brahma a su vez diseminó ese conocimiento entre sus hijos y discípulos, tal como él lo recibió originalmente de labios del Señor. El Señor es purnam, omniperfecto, y no hay ninguna posibilidad de que Él llegue a estar supeditado a las leyes de la naturaleza material. En consecuencia, uno debe ser lo suficientemente inteligente como para saber que el Señor es el único propietario de todo lo que hay en el universo, y que Él es el creador original, el creador de Brahma. En el Capítulo Once, al Señor se lo nombra como prapitamaha, porque a Brahma se lo nombra como pitamaha, el abuelo, y Él es el creador del abuelo. Así pues, uno no debe creer que es el propietario de nada. Uno debe aceptar únicamente las cosas que el Señor le ha asignado para su manutención.

Hay muchos ejemplos de cómo hemos de utilizar esas cosas que el Señor nos ha asignado. Ello también se explica en El Bhagavad-gita. Al principio, Arjuna decidió que no pelearía en la Batalla de Kuruksetra. Ésa era su propia decisión. Arjuna le dijo al Señor que, después de matar a sus propios parientes, no iba a poder disfrutar del reino. Esta decisión se basaba en el cuerpo, porque Arjuna creía que él era el cuerpo, y que sus parientes o expansiones corporales eran sus hermanos, sobrinos, cuñados, abuelos, etc. Por consiguiente, él quería satisfacer las exigencias de su cuerpo. El Señor habló El Bhagavad-gita precisamente para cambiar ese punto de vista, y al final Arjuna decide pelear siguiendo las indicaciones del Señor, cuando dice: karisye vacanam tava, "Actuaré conforme a Tu palabra".

En este mundo, los hombres no fueron creados para reñir como los perros y los gatos. Los hombres deben ser inteligentes, para percatarse de la importancia de la vida humana y negarse a actuar como animales ordinarios. El ser humano debe darse cuenta de cuál es el objetivo de su vida; esa información se da en todas las Escrituras védicas, y la esencia de ella se da en El Bhagavad-gita. La literatura védica está hecha para los seres humanos, no para los animales. Los animales pueden matar a otros animales y no hay posibilidad alguna de que incurran en pecado;

pero si un hombre mata a un animal en aras de la satisfacción de su paladar descontrolado, se le culpará de romper las leyes de la naturaleza. En El Bhagavad-gita se explica claramente que hay tres clases de actividades según las diferentes modalidades de la naturaleza: las actividades de la bondad, las de la pasión y las de la ignorancia. De modo similar, también hay tres clases de comestibles: comestibles influidos por la bondad, por la pasión y por la ignorancia. Todo esto se halla claramente descrito, y si utilizamos bien las instrucciones de El Bhagavad-gita, toda nuestra vida se purificará, y al final podremos llegar al destino que se encuentra más allá de este cielo material (yad gatva na nivartante tad dhama paramam mama).

Ese destino se denomina el cielo sanatana, el eterno cielo espiritual. En este mundo material observamos que todo es temporal. Todo aparece, permanece por algún tiempo, produce algunos subproductos, mengua y luego desaparece. Ésa es la ley del mundo material, ya sea que usemos como ejemplo este cuerpo, un pedazo de fruta o cualquier otra cosa. Pero más allá de este mundo temporal, hay otro mundo del cual tenemos información. Ese mundo está hecho de otra naturaleza, la cual es sanatana, eterna. A la jiva también se la describe como sanatana, eterna, y en el Capítulo Once al Señor también se lo describe de esa manera. Nosotros tenemos una relación íntima con el Señor, y como todos somos uno desde el punto de vista cualitativo —el sanatana-dhama, o el cielo, la suprema personalidad sanatana y las entidades vivientes sanatana—, todo el propósito de El Bhagavad-gita es el de revivir nuestra ocupación sanatana, o el sanatana-dharma, que es la ocupación eterna de la entidad viviente. Nosotros nos hallamos dedicados temporalmente a diferentes actividades, pero todas ellas pueden purificarse, cuando las dejemos y emprendamos las actividades que prescribe el Señor Supremo. Eso se denomina nuestra vida pura.

El Señor Supremo y Su morada trascendental son ambos sanatana, tal como lo son también las entidades vivientes, y la asociación conjunta del Señor Supremo y las entidades vivientes en la morada sanatana constituyen la perfección de la vida humana. El Señor es muy bondadoso con las entidades vivientes, porque éstas son Sus hijas. El Señor Krishna declara en El Bhagavad-gita: sarva-yonisu... aham bija-pradah pita, "Yo soy el padre de todos". Desde luego, existen toda clase de entidades vivientes según sus diversos karmas, pero aquí el Señor declara que es el padre de todas ellas. Por consiguiente, el Señor desciende a redimir a todas esas almas caídas y condicionadas, y a hacerles un llamado para que regresen al eterno cielo sanatana, de modo que las entidades vivientes sanatana puedan recobrar sus eternas posiciones sanatana, en asociación eterna con el Señor. Para redimir a las almas condicionadas, el propio Señor viene en diferentes encarnaciones, o envía a Sus sirvientes íntimos como hijos o a Sus asociados o acaryas.

Por lo tanto, el sanatana-dharma no se refiere a ningún proceso sectario de religión. Es la función eterna de las entidades vivientes eternas, en relación con el eterno Señor Supremo. Como ya se dijo antes, el sanatana-dharma se refiere a la ocupación eterna de la entidad viviente. Sripada Ramanujacarya ha explicado la palabra sanatana como "aquello que no tiene principio ni fin". De modo que, cuando hablamos de sanatana-dharma, debemos dar por sentado, en base a la autoridad de Sripada Ramanujacarya, que dicho sanatana-dharma no tiene ni principio ni fin.

La palabra religión es un poco diferente a la palabra sanatana-dharma. Religión lleva consigo la idea de fe, y la fe puede cambiar. Uno puede tener fe en un proceso en particular, y puede cambiar de fe y adoptar otra. Pero el sanatana-dharma se refiere a aquella actividad que no se puede cambiar. Por ejemplo, al agua no se le puede quitar la liquidez, ni al fuego se le puede quitar el calor. De igual manera, a la eterna entidad viviente no se le puede quitar su función eterna. El sanatana-dharma es eternamente parte integral de la entidad viviente. Así pues, cuando hablamos de sanatana-dharma, debemos dar por sentado, en base a la autoridad de Sripada Ramanujacarya, que dicho sanatana-dharma no tiene ni principio ni fin. Aquello que no tiene principio ni fin no puede ser sectario, pues ninguna clase de límites puede coartarlo. Aquellos que pertenecen a alguna fe sectaria habrán de considerar equivocadamente que el sanatana-dharma también es sectario. Pero si profundizamos en el asunto y lo consideramos a la luz de la ciencia moderna, podremos ver que el sanatana-dharma es la ocupación de toda la gente del mundo, y, más aún, de todas las entidades vivientes del universo.

Una fe religiosa no sanatana puede que tenga algún comienzo en los anales de la historia humana, pero no existe comienzo de la historia del sanatana-dharma, porque este último permanece eternamente con las entidades vivientes. En lo que respecta a la entidad viviente, las sastras autoritativas determinan que para ella no hay nacimiento ni muerte. En el Gita se establece que la entidad viviente nunca nace y nunca muere. La entidad viviente es eterna e indestructible, y continúa viviendo después de la destrucción de este cuerpo material temporal. En relación con el concepto de sanatana-dharma, debemos tratar de entender el concepto de religión a partir del significado de la raíz sánscrita de la palabra. Dharma se refiere a aquello que existe constantemente con un objeto en particular. Nosotros concluimos que junto con el fuego hay luz y calor; sin luz y calor, la palabra fuego no tiene sentido. De modo similar, debemos descubrir la parte esencial del ser viviente, aquella parte que es su compañera constante. Esa compañera constante es su cualidad eterna, y esa cualidad eterna es su religión eterna.

Cuando Sanatana Gosvami le preguntó a Sri Caitanya Mahaprabhu que cuál era el svarupa de todo ser viviente, el Señor respondió que el svarupa, o la posición constitucional del ser viviente, es la de prestarle servicio a la Suprema Personalidad de Dios. Si analizamos esta declaración del Señor Caitanya, podremos ver con facilidad que todo ser viviente siempre está dedicado a prestarle servicio a otro ser viviente. Un ser viviente sirve a otros seres vivientes de diversas maneras. Al hacerlo, la entidad viviente disfruta de la vida. Los animales inferiores sirven a los seres humanos tal como los sirvientes sirven a su amo. A sirve al amo B, B sirve al amo C, C sirve al amo D, y así sucesivamente. En base a esto, podemos ver que un amigo sirve a otro, la madre sirve al hijo, la esposa sirve al esposo, el esposo sirve a la esposa, etc. Si seguimos investigando con este espíritu, se verá que en la sociedad de los seres vivos no hay ninguna excepción a la actividad de servir. El político le presenta a la gente su manifiesto, para convencerla de la capacidad que él tiene de servir. En consecuencia, los electores le dan al político sus valiosos votos, considerando que él le prestará a la sociedad un valioso servicio. El vendedor sirve al cliente, y el artesano sirve al capitalista. El capitalista sirve a la familia, y la familia sirve al Estado en términos de la capacidad eterna del eterno ser viviente. De esa manera podemos ver que ningún ser viviente está exento de prestarles servicio a otros seres vivientes, y, por lo tanto, podemos concluir con toda seguridad que el servicio es el compañero constante del ser viviente, y que el prestar servicio es la religión eterna del ser viviente.

Sin embargo, el hombre dice pertenecer a un tipo de fe en particular en relación con un tiempo y una circunstancia en particular, y en virtud de ello dice ser hindú, musulmán, cristiano, budista, o adepto de alguna otra secta. Tales designaciones son no sanatana-dharma. Puede que un hindú cambie de fe y se vuelva musulmán, o que un musulmán cambie de fe y se vuelva hindú, o que un cristiano cambie de fe, etc. Pero en todas las circunstancias, el cambio de fe religiosa no afecta la ocupación eterna de prestarles servicio a los demás. El hindú, musulmán o cristiano es sirviente de alguien, pese a cualesquiera circunstancias. De manera que, profesar un tipo particular de fe no es profesar el sanatana-dharma de uno. Prestar servicio es el sanatana-dharma.

De hecho, estamos relacionados con el Señor Supremo a través del servicio. El Señor Supremo es el disfrutador supremo, y nosotros, las entidades vivientes, somos Sus servidores. Nosotros hemos sido creados para el disfrute de Él, y si participamos con la Suprema Personalidad de Dios en ese goce eterno, seremos felices No podemos llegar a ser felices de ninguna otra manera.

No es posible ser feliz independientemente, de la misma manera en que ninguna parte del cuerpo puede ser feliz sin cooperar con el estómago. La entidad viviente no puede ser feliz sin prestarle al Señor Supremo un amoroso servicio trascendental.

En El Bhagavad-gita no se aprueba la adoración de los diferentes semidioses ni el prestarles servicio a ellos. En el Capítulo Siete, verso veinte, se afirma:

"Aquellos a quienes los deseos materiales les han robado la inteligencia, se entregan a los semidioses y siguen las reglas y regulaciones específicas de adoración que corresponden a sus propias naturalezas".

Aquí se dice claramente que aquellos a quienes los guía la lujuria, adoran a los semidioses y no al Supremo Señor Krishna. Cuando hacemos mención del nombre Krishna, no nos referimos a ningún nombre sectario. Krishna significa el placer máximo, y se ha confirmado que el Señor Supremo es la fuente o el depósito de todo placer. Todos anhelamos placer. Las entidades vivientes, al igual que el Señor, están colmadas de conciencia y se hallan en busca de la felicidad. El Señor es feliz perpetuamente, y si las entidades vivientes se relacionan con el Señor, cooperan con Él y participan de Su asociación, entonces ellas también se vuelven felices.

El Señor desciende a este mundo mortal para exhibir Sus pasatiempos en Vrindavana, los cuales están colmados de felicidad. Cuando el Señor Sri Krishna se encontraba en Vrindavana, todas Sus actividades con Sus amigos pastorcillos, con Sus amigas las doncellas, con los demás habitantes de Vrindavana y con las vacas, estaban colmadas de felicidad. Toda la población de Vrindavana no conocía nada fuera de Krishna. Pero el Señor Krishna desalentó incluso a Su padre Nanda Maharaja en lo referente a la adoración del semidiós Indra (El Dios de la lluvia), porque quería establecer el hecho de que la gente no necesita adorar a ningún semidiós. La gente únicamente tiene que adorar al Señor Supremo, pues su meta final es la de regresar a la morada de Él.

Goloka.

La morada del Señor Supremo

La morada del Señor Krishna se describe en El Bhagavad-gita, Capítulo Quince, verso seis:

"Esa suprema morada Mía no está iluminada por el Sol ni la Luna, ni por el fuego, ni por la electricidad. Aquellos que llegan a ella, nunca regresan este mundo material".

Este verso da una descripción de ese cielo eterno. Tenemos, desde luego, una concepción material de lo que es el cielo, y pensamos en él en relación con el Sol, la Luna, las estrellas, etc. Pero en este verso el Señor declara que en el cielo eterno no hay necesidad de Sol, Luna, electricidad o fuego de ninguna clase, porque el cielo espiritual está de por sí iluminado por el brahmajyoti, los rayos que emanan del Señor Supremo. Estamos tratando con dificultad de llegar a otros planetas, pero no es difícil entender la morada del Señor Supremo. A esa morada se le refiere como Goloka. En El Brahma-samhita (5.37) se la describe de una manera hermosa: El Señor reside eternamente en Goloka, Su morada, y, sin embargo, es accesible desde este mundo, y con ese fin viene a manifestar Su verdadera forma sac-cid-ananda-vigraha. Como Él manifiesta esa forma, no hay necesidad alguna de que imaginemos cómo es Él. Para desalentar esa clase de especulación imaginativa, Él desciende y se muestra tal como es, como Syamasundara. Desgraciadamente, los poco inteligentes lo menosprecian, porque Él viene como uno de nosotros y juega con nosotros como un ser humano. Pero debido a ello, no debemos tomar al Señor por uno de nosotros. Mediante Su omnipotencia, Él se presenta ante nosotros en Su verdadera forma y exhibe Sus pasatiempos, que son réplicas de los pasatiempos que hay en Su morada.

En los refulgentes rayos del cielo espiritual flotan una infinidad de planetas. El brahmajyoti emana de la morada suprema, Krishnaloka, y los planetas ananda-maya-cinmaya, que no son materiales, flotan en esos rayos. El Señor dice: Aquel que puede acercarse a ese cielo espiritual, no tiene que descender de nuevo al cielo material. En el cielo material, incluso si nos acercamos al planeta más elevado de todos (Brahmaloka), ni qué hablar de la Luna, encontraremos las mismas condiciones de la vida, es decir, el nacimiento, la muerte, las enfermedades y la vejez. Ningún planeta del universo material está libre de estos cuatro principios de la existencia material.

Las entidades vivientes viajan de un planeta a otro, pero eso no significa que podemos ir a cualquier planeta que queramos sólo mediante un dispositivo mecánico. Si deseamos ir a otros planetas, existe un proceso para hacerlo. También eso se menciona: Si queremos viajes interplanetarios, no se necesita ningún dispositivo mecánico. El Gita instruye: La Luna, el Sol y los planetas superiores se denominan Svargaloka. Hay tres categorías distintas de planetas: los sistemas planetarios superiores, medios e inferiores. La Tierra pertenece al sistema planetario medio. El Bhagavad-gita nos informa cómo viajar a los sistemas planetarios superiores (Devaloka) con una fórmula muy sencilla: yanti deva-vrata devan. Uno sólo tiene que adorar al semidiós específico de ese planeta en particular, y de esa forma ir a la Luna, al Sol o a cualquiera de los sistemas planetarios superiores.

Sin embargo, El Bhagavad-gita no nos aconseja ir a ninguno de los planetas de este mundo material, porque incluso si fuéramos a Brahmaloka —el planeta más elevado de todos— por medio de algún dispositivo mecánico y viajando quizás durante cuarenta mil años (¿y quién viviría tanto?), aún encontraríamos los inconvenientes materiales del nacimiento, la muerte, las enfermedades y la vejez. Pero aquel que quiere ir al planeta supremo, Krishnaloka, o a cualquiera de los demás planetas del cielo espiritual, no se encontrará con esos inconvenientes materiales. Entre todos los planetas del cielo espiritual hay un planeta supremo, llamado Goloka Vrindavana, que, en la morada de Sri Krishna, la Personalidad de Dios original, es el planeta original. Toda esta información se da en El Bhagavad-gita, y a través de sus instrucciones se nos explica cómo abandonar el mundo material y comenzar una verdadera vida dichosa en el cielo espiritual.

En el capítulo Quince de El Bhagavad-gita se da la verdadera descripción del mundo material. En él se dice:

Existe un árbol baniano que tiene sus raíces hacia arriba y sus ramas hacia abajo y cuyas hojas son los himnos védicos. Quien conoce este árbol es el conocedor de los Vedas.

Si uno se para en la orilla de un río o de cualquier depósito de agua, puede ver que los árboles que se reflejan en el agua están al revés. Las ramas van hacia abajo y las raíces hacia arriba.

De forma similar, este mundo material e un reflejo del mundo espiritual. El mundo material no es más que una sobra de la realidad. En la sombra no hay realidad o sustancia, pero por la sombra llegamos a saber que hay sustancia y realidad. En el desierto no hay agua, pero el espejismo indica que sí existe una cosa tal. En el mundo material no hay agua, no hay felicidad; el agua auténtica de la felicidad verdadera se encuentra en el mundo espiritual.

El Señor aconseja que alcancemos el mundo espiritual de la siguiente manera (Bhagavad-gita. 15.5):

Ese reino eterno, puede alcanzarlo aquel que sea nirmanamoha. ¿qué significa eso? Andamos en busca de designaciones. Unos quieren ser señor, otros quieren ser Dios, otros quieren ser presidente, o un hombre rico, o un rey, o alguna otra cosa. Mientras estemos apegados a esas designaciones, estaremos apegados al cuerpo, porque las designaciones le pertenecen al cuerpo. Pero nosotros no somos estos cuerpos, y percatarnos de esto constituye la primera etapa de la comprensión espiritual. Nosotros estamos asociados con las tres modalidades de la naturaleza material, pero debemos desapegarnos a través del servicio devocional que se le presta al Señor. Si no estamos apegados a prestarle servicio devocional al Señor, no podemos entonces desapegarnos de las modalidades de la naturaleza material. Las designaciones y los apegos se deben a nuestra lujuria y deseo, a querer enseñorearnos de la naturaleza material. Mientras no dejemos esa propensión a enseñorearnos de la naturaleza material, no hay ninguna posibilidad de regresar al reino del Supremo, el sannyasiatana-dhama. Ese Reino eterno nunca se destruye, le resulta accesible a aquel a quien no lo confunden las atracciones de los falsos placeres materiales, a aquel que está dedicado al servicio del Señor Supremo. Todo aquel que se encuentre en esa posición, puede acercarse fácilmente a esa morada suprema.

En otra parte del Gita (8.21) se declara:

Avyakta significa no manifestado. Ni siquiera el mundo material se manifiesta por entero ante nosotros. Nuestros sentidos son tan imperfectos, que ni siquiera podemos ver todas las estrellas que hay en este universo material.

Con la literatura védica podemos adquirir mucha información acerca de todos los planetas, y podemos creerla o no. Todos los planetas importantes se describen en las Escrituras védicas. Especialmente en el Srimad-Bhagavatam, y al mundo espiritual que se encuentra más allá de este cielo material se lo describe como avyakta, no manifestado. Uno debe desear y anhelar ir a ese reino supremo, pues cuando uno lo alcanza, no tiene que regresar a este mundo material.

A continuación, se pudiera hacer la pregunta de qué debe hacer uno para ir a esa morada del Señor Supremo. En el Capítulo Ocho se da información al respecto. Ahí se dice: "Y quienquiera que al final de la vida abandone el cuerpo recordándome únicamente a Mí, de inmediato alcanza mi naturaleza. De esto no hay ninguna duda" (Bhagavad-gita. 8.5).

Aquel que piense en Krishna a la hora de la muerte, va a Krishna. Uno debe recordar la forma de Krishna; si uno abandona el cuerpo pensando en esa forma, es seguro que va al reino espiritual. Mad-bhavam se refiere a la naturaleza suprema del Ser Supremo. El Ser Supremo es sac-cid-ananda-vigraha, es decir, Su forma es eterna y está colmada de conocimiento y bienaventuranza. Nuestro cuerpo actual no es sac-cid-ananda. Es asat, no sat. No es eterno, sino perecedero. No es cit, no está colmado de conocimiento, sino que está colmado de ignorancia. No tenemos conocimiento acerca del reino espiritual; ni siquiera tenemos conocimiento perfecto acerca de este mundo material, en el que hay muchísimas cosas que desconocemos. El cuerpo es, además, nirananda: en vez de estar colmado de bienaventuranza, está colmado de sufrimiento. Todos los sufrimientos que experimentamos en el mundo material tienen su origen en el cuerpo, pero aquel que abandona este cuerpo pensando en el Señor Krishna, la Suprema Personalidad de Dios, de inmediato obtiene un cuerpo sac-cid-ananda.

El proceso de abandono de este cuerpo y de obtención de otro cuerpo en el mundo material, también está organizado. El hombre muere después de que se ha decidido qué clase de cuerpo tendrá en la vida siguiente. La decisión la toman autoridades superiores, y no la propia entidad viviente. De acuerdo con nuestras actividades en esta vida, o bien ascendemos, o bien nos hundimos. Esta vida es una preparación para la siguiente.   De manera que, si podemos prepararnos en esta vida para ser promovidos al Reino de Dios, entonces después de dejar este cuerpo material, es seguro que obtendremos un cuerpo espiritual tal como el del Señor.

Como se explicó anteriormente, hay diferentes clases de trascendentalistas: el brahma-vadi, el paramatma-vadi y el devoto, y, como ya se dijo, en el brahmajyoti (el cielo espiritual) existen innumerables planetas espirituales. El número de esos planetas es muy, muy superior al de los planetas de este mundo material. Este mundo material se ha calculado que es únicamente una cuarta parte de la creación (ekamsena sthito jagat). En este segmento material hay millones y billones de universos, con trillones de planetas y soles, estrellas y lunas. Pero esta creación material por entero es únicamente un fragmento de la creación total. La mayor parte de la creación se encuentra en el cielo espiritual. Aquel que desee fundirse en la existencia del Brahman Supremo, es de inmediato trasladado al brahmajyoti del Señor Supremo, y alcanza así el cielo espiritual. El devoto, el cual quiere disfrutar de la compañía del Señor, entra en los planeta Vaikuntha, que son innumerables, y el Señor Supremo se asocia allí con él mediante Sus expansiones plenarias, tales como Narayana de cuatro manos y con diferentes nombres, tales como Pradyumna, Anirudha y Govinda. Por consiguiente, al final de la vida los trascendentalistas piensan ya sea en el brahmajyoti, en el Paramatma o en la Suprema Personalidad de Dios, Sr Krishna i. En todos los casos ellos entran en el cielo espiritual, pero sólo el devoto, o aquel que está personalmente en contacto con el Señor Supremo, entra en los planetas Vaikuntha o en el planeta Goloka Vrndavana. El Señor agrega además que, de ello "no hay ninguna duda". Esto se debe creer firmemente. No debemos rechazar aquello que no se acomode a nuestra imaginación; nuestra actitud debe ser la de Arjuna:"Creo todo lo que me has dicho". Así pues, cuando el Señor dice que a la hora de la muerte todo aquel que piense en Él como Brahman, como Paramatma o como la Personalidad de Dios, entra sin falta en el cielo espiritual, no hay duda de ello. No hay posibilidad de no creerlo. El Bhagavad-gita (8.6) también explica el principio general que hace que sea posible entrar en el reino espiritual simplemente por el hecho de pensar en el Supremo a la hora de la muerte.

"Cualquier estado de existencia que uno recuerde cuando abandone el cuerpo, ese estado alcanzará sin falta en la siguiente vida".   Ahora bien, primero que todo debemos entender que la naturaleza material es la manifestación de una de las energías del Señor Supremo. En el Vishnu Purana (6.7.61) se describen las energías totales del Señor Supremo:

El Señor Supremo tiene diversas e innumerables energías, las cuales se encuentran más allá de nuestra concepción. Sin embargo, grandes y eruditos sabios o almas liberadas han estudiado esas energías, y las han clasificado en tres partes. Todas las energías son de vishnu-sakti, es decir, son diferentes potencias del Señor Vishnu. La primera energía es trascendental. Las entidades vivientes también pertenecen a la energía superior tal como ya se ha explicado. Las otras energías, o energías materiales, están influidas por la modalidad de la ignorancia. En el momento de la muerte podemos, o bien permanecer en el seno de la energía inferior de este mundo material, o bien trasladarnos al ámbito de la energía del mundo espiritual. Por eso El Bhagavad-gita (8.6) dice:

"Cualquier estado de existencia que uno recuerde cuando abandone el cuerpo, ese estado alcanzará sin falta en la siguiente vida".

En la vida estamos acostumbrados a pensar ya sea en la energía material o en la espiritual. Ahora bien, ¿cómo podemos trasladar nuestro pensamiento de la energía material a la energía espiritual? Hay muchísima literatura que llena nuestros pensamientos con energía material: periódicos, revistas, novelas, etc. Nuestro pensamiento, que ahora está absorto en esa literatura, debe ser trasladado a la literatura védica. Por consiguiente, los grandes sabios han escrito muchísimos libros védicos, tales como los Puranas. En el Caitanya-caritamrta (Madhya 20.122) se encuentra el siguiente verso:

Las entidades vivientes olvidadizas, o almas condicionadas, han olvidado su relación con el Señor Supremo, y están absortas en pensamientos acerca de las actividades materiales.

Sólo para trasladar al cielo espiritual su capacidad de pensar, Krishna -dvaipayana Vyasa ha proporcionado un gran número de Escrituras védicas.

Primero, Él dividió los Vedas en cuatro, luego los explicó en los Puranas, y, para la gente menos capacitada, escribió El Mahabharata.

En El Mahabharata se presenta El Bhagavad-gita. Además, toda la literatura védica se resume en El Vedanta-sutra, denominado El Srimad-Bhagavatam. Siempre debemos ocupar la mente en la lectura de esas Escrituras védicas. Así como los materialistas ocupan la mente en la lectura de periódicos, revistas y tanta literatura materialista como hay, así mismo debemos encausar nuestra lectura hacia esas Escrituras que nos dio Vyasadeva; de esa manera resultará posible recordar al Señor Supremo en el momento de la muerte. Ésa es la única manera que sugirió el Señor, y Él garantiza el resultado. "No hay duda de ello".

"Por lo tanto, Arjuna, siempre debes pensar en Mí en la forma de Krishna, y al mismo tiempo desempeñar tu deber prescrito de pelear. Con tus actividades dedicadas a Mí y con la mente y la inteligencias fijas en Mí, llegarás a Mí sin duda alguna" (Bg. 8.7)

Él no le aconseja a Arjuna que simplemente lo recuerde y abandone su ocupación. No. El Señor no sugiere nada que sea impráctico. En este mundo material, uno tiene que trabajar para mantener el cuerpo. Conforme al trabajo, la sociedad humana está dividida en cuatro órdenes sociales: brahmana, ksatriya, vaisya y sudra. La clase brahmana, o la clase inteligente, trabaja de una manera; la clase ksatiya o administradora trabaja de otra manera; y la clase mercantil y los obreros atienden sus deberes específicos. En la sociedad humana, todo el mundo tiene que trabajar para mantener su existencia, ya sea uno obrero, comerciante, administrador o agricultor, o incluso si uno pertenece a la clase más alta y es un hombre de letras, un científico o un teólogo. Por lo tanto, el Señor le dice a Arjuna que no tiene que abandonar su ocupación, pero que, mientras esté dedicado a ella, debe recordar a Krishna (mam anusmara). Si él no practica el proceso de recordar a Krishna mientras está luchando por la existencia, entonces no le será posible recordar a Krishna a la hora de la muerte. El Señor Caitanya también aconseja lo mismo. Él dice: kirtaniyah sada harih, uno siempre debe practicar el canto de los santos nombres del Señor. Los nombres del Señor y el Señor no son diferentes el uno del otro. Así que, la instrucción que el Señor Krishna le dio a Arjuna — "recuérdame"—, y el mandamiento del Señor Caitanya de, "canta siempre los nombres del Señor Krishna", es la misma instrucción. No hay diferencia entre las dos cosas, porque Krishna y el nombre de Krishna no son diferentes entre sí. En el plano absoluto no hay diferencia entre la referencia y lo referido. Por consiguiente, tenemos que practicar el proceso de recordar siempre al Señor, las veinticuatro horas del día, mediante el canto de Sus santos nombres y amoldando las actividades de nuestra vida de forma tal que siempre podamos recordarlo a Él.

¿Cómo es posible hacer esto? Los acaryas dan el siguiente ejemplo. Si una mujer casada está apegada a otro hombre, o si un hombre tiene un apego por una mujer que no es su esposa, entonces dicho apego se debe considerar que es muy fuerte. Aquel que tiene un apego tal, siempre está pensando en el ser amado. La mujer casada que piensa en su amante, siempre piensa en reunirse con él, incluso mientras desempeña sus quehaceres domésticos. A decir verdad, ella realiza sus labores domésticas aún más cuidadosamente, para que su esposo no sospeche de su apego. De forma similar, debemos recordar siempre al amante supremo, Sri Krishna, y al mismo tiempo desempeñar muy bien nuestros deberes materiales. Para ello se requiere de un fuerte sentimiento de amor. Si tenemos un fuerte sentimiento de amor por el Señor Supremo, podremos entonces desempeñar nuestro deber y al mismo tiempo recordarlo a Él. Pero tenemos que cultivar ese sentimiento de Amor. Arjuna, por ejemplo, siempre estaba pensando en Krishna; él era el compañero constante de Krishna y al mismo tiempo era un guerrero. Krishna no le aconsejó que abandonara la pelea y se fuera al bosque a meditar. Cuando el Señor Krishna le describe a

Arjuna el sistema de yoga, Arjuna dice que no le es posible practicar ese sistema.

"Arjuna dijo: ¿Oh, Madhusudana!, el sistema de yoga que has resumido me parece impráctico e intolerable, ya que la mente es inquieta e inestable" (Bg. 6.33).

Pero el Señor dice:

"De todos los yogis, aquel que tiene una gran fe y que siempre mora en Mí, piensa en Mí y Me presta un amoroso servicio trascendental, es el que está más íntimamente unido a Mí por medio del yoga, y es el más elevado de todos. Ésa es mi opinión" (Bg. 6.47).

Así que, aquel que piensa siempre en el Señor Supremo, es el yogi más grande de todos, el máximo jñani y el más grande de todos los devotos, al mismo tiempo. El Señor le dice además a Arjuna que, como ksatriya que es, no puede abandonar la pelea, pero que si Arjuna lucha recordando a Krishna, podrá entonces recordar a Krishna a la hora de la muerte. Mas, uno debe estar completamente entregado al amoroso servicio trascendental del Señor.

Nosotros en realidad no trabajamos con el cuerpo, sino con la mente y la inteligencia. De manera que, si la inteligencia y la mente siempre se dedican a pensar en el Señor Supremo, entonces, naturalmente, los sentidos también se dedicarán al servicio de Él. De modo superficial, al menos, las actividade de los sentidos siguen siendo las mismas, pero la conciencia no cambia. El Bhagavad-gita nos enseña a absorber la mente y la inteligencia en el pensamiento acerca del Señor. Esa clase de absorción le permitirá a uno trasladarse al reino del Señor. Si la mente se dedica al Servicio de Krsna, los sentidos se dedicarán al servicio de Él automáticamente. Ése es el arte, y ése también es el secreto de El Bhagavad-gita: la absorción total en el pensamiento acerca de Sri Krishna.

El hombre moderno ha luchado mucho por llegar a la Luna, pero no se ha esforzado mucho por elevarse en lo espiritual. Si uno tiene ante sí unos cincuenta años de vida, debe ocupar ese corto tiempo en cultivar esta práctica de recordar a la Suprema Personalidad de Dios. Dicha práctica constituye el proceso devocional:

El procesos más sencillo es sravanam, oír El Bhagavad-gita de labios de la persona iluminada, harán que uno dirija el pensamiento hacia el Ser Supremo. Esto llevará a recordar al Señor Supremo, y permitirá que al uno abandonar el cuerpo obtenga un cuerpo espiritual, que es justamente el idóneo para asociarse con el Señor Supremo.

El Señor dice además:

"Aquel que medita en Mí como Suprema Personalidad de Dios, con la mente constantemente dedicada a recordarme a Mí, y que no se aparta del sendero, él, ¡oh, Partha [Arjuna]!, es seguro que llegará a Mí" (Bg. 8.8).

Éste no es un proceso muy difícil. No obstante, uno debe aprenderlo con una persona experimentada. Uno debe acudir a una persona que ya haya logrado la práctica. La mente siempre está volando de un lado a otro, pero uno debe practicar el proceso de concentrarla siempre en la forma del Señor Supremo, Sri Krishna, o en el sonido de Su nombre.

La mente es inquieta por naturaleza: siempre anda de aquí para allá; pero ella puede reposar en la vibración sonora de Krishna. Uno debe meditar, pues, en paramam purusam, y así llegar a Él. Los medios y arbitrios para conseguir la comprensión máxima, el máximo logro, se exponen en El Bhagavad-gita, y las puertas de este conocimiento están abiertas a todo el mundo. No se excluye a nadie. Todas las clases de hombres pueden acercarse al Señor Krishna mediante el proceso de pensar en Él, pues a todo el mundo le es posible oír hablar de Él y pensar en Él.

El Señor añade (Bg. 9.32-22):

Así pues, el Señor dice que incluso un comerciante, una mujer baja o un hombre común, incluso los seres humanos que estén en los niveles de vida más baja que existen, pueden llegar al Supremo. No se necesita una inteligencia sumamente desarrollada. Lo cierto es que cualquiera que acepte el principio del bhakti-yoga y que acepte al Señor Supremo como summum bonum de la vida, como el objetivo máximo, la meta última, puede acercarse al Señor en el cielo espiritual. Si uno adopta los principios que se enuncian en El Bhagavad-gita, puede hacer que su vida se vuelva perfecta, y puede encontrarles una solución permanente a todos los problemas de la vida. Ésa es la esencia de todo El Bhagavad-gita.

En conclusión, El Bhagavad-gita es una obra literaria trascendental que uno debe leer muy cuidadosamente. Sí uno sigue las instrucciones de El Bhagavad-gita como es debido, puede liberarse de todos los sufrimientos y ansiedades de la vida. En esta vida, uno se librará de todos los temores, y su siguiente vida será espiritual.

Además, hay una ventaja adicional:

"Si una persona lee El Bhagavad-gita de un modo muy sincero y con toda seriedad, entonces, por la gracia del Señor, las reacciones de sus fechorías pasadas no actuarán sobre ella" (El Gita-mahatmya 2). En la última porción de El Bhagavad-gita (18.66), el Señor dice en voz muy alta:

"Abandona todas las variedades de religión y tan sólo entrégate a Mí. Yo te libraré de todas las reacciones pecaminosas. No temas".

Así pues, el Señor asume toda la responsabilidad de aquel que se entrega a Él, y lo protege de todas las reacciones de los pecados.

"Uno puede limpiarse diariamente dándose un baño con agua, pero si alguien se da un baño aunque una vez en la sagrada agua del Ganges de El Bhagavad-gita, para él la suciedad de la vida material se elimina por completo" (El Gita-mahatmya 3).

Como El Bhagavad-gita lo habla la Suprema Personalidad de Dios, no es necesario leer ninguna otra Escritura védica. Uno sólo tiene que oír y leer atenta y regularmente El Bhagavad-gita. En la era actual, la gente está tan absorta en las actividades mundanas, que no le es posible leer todas las Escrituras védicas, porque es la esencia de todas las Escrituras védicas, y, en especial, porque lo expone la Suprema Personalidad de Dios (El Gita-mahatmya 4).

Como se dice:

"Aquel que bebe el agua del Ganges, logra la salvación; entonces, ¿qué pude decirse de aquel que bebe el néctar de El Bhagavad-gita?

El Bhagavad-gita es el néctar especial de El Mahabharata, y lo expuso el propio Señor Krishna, el Visnu original" (El Gita-mahatmya 5).

El Bhagavad-gita emana de la boca de la Suprema Personalidad de Dios, y el Ganges se dice que emana de los pies de loto del Señor Supremo, pero al hacer un estudio imparcial, podemos apreciar que El Bhagavad-gita es aún más importante que el agua del Ganges.

"Este Gitopanisad, El Bhagavad-gita, la esencia de todos los Upanisads, es como una vaca, y el Señor Krsna, quien es famoso como pastorcillo de vacas, la está ordeñando. Arjuna es como un ternero, y los eruditos entendidos y devotos puros han de beber la nectárea leche de El Bhagavad-gita" (El Gita-mahatmya 6).

En los tiempos actuales, la gente está sumamente ansiosa de tener una sola Escritura, un solo Dios, una sola religión y una sola ocupación. Por consiguiente, que solo haya una Escritura, una Escritura común para el mundo entero: El Bhagavad-gita. que sólo haya un Dios para el mundo entero: Sri Krishna. Y un solo himno, un mantra, una oración: el canto de Su nombre, Hare Krishna, Hare Krishna, Krishna, Krishna, Hare Hare/ Hare Rama, Hare Rama, Rama, Rama, Hare Hare. Karmapy ekam tasya devasya seva, y que sólo haya una ocupación: el prestarle servicio a la Suprema Personalidad de Dios.

Krishna el liberador del dolor

La compasión, la lamentación y las lágrimas materiales son todos signos de ignorancia acerca del verdadero ser. La compasión por el alma eterna denota la perfecta comprensión del ser. La palabra "Madhusudana" es significativa en este verso. El Señor Krishna mató al demonio Madhu, y ahora Arjuna quería que Krishna matara al demonio de la incomprensión que lo había dominado en el desempeño de su deber. Nadie sabe dónde debe aplicarse la compasión. Compadecerse del traje de un hombre que se está ahogando no tiene sentido. A un hombre que ha caído en el océano de la nesciencia no se le puede salvar simplemente con rescatar su traje externo, el cuerpo material burdo. Aquel que no sabe esto y que se lamenta por el traje externo recibe el nombre de sudra, o alguien que se lamenta innecesariamente. Arjuna era un ksatriya, y semejante conducta no se esperaba de él. El Señor Krishna, sin embargo, puede disipar la lamentación del hombre ignorante, y con esa finalidad cantó El Bhagavad-gita. Este capítulo nos instruye en el conocimiento completo acerca del ser, mediante un estudio analítico del cuerpo material y el alma espiritual, según lo explica la autoridad suprema, el Señor Sri Krishna. La plena comprensión de esto se logra cuando uno

"El conocedor de la Verdad Absoluta llega a comprender ésta en tres fases de estudio, y todas ellas son idénticas. Dichas fases de la Verdad Absoluta se expresan como Brahman, Paramatma y Bhagavan"

Estos tres aspectos divinos se pueden explicar mediante el ejemplo del Sol, que también tiene tres diferentes aspectos, es decir, la luz solar, la superficie del Sol y el planeta Sol propiamente dicho. Aquel que estudia únicamente la luz del Sol, es un principiante; aquel que entiende la superficie del Sol, está un poco más adelantado; y aquel que puede entrar en el planeta Sol, es el más elevado de todos. Los estudiantes ordinarios que se satisfacen con simplemente entender la luz del Sol, su difusión por todo el universo y la refulgencia deslumbrante de su naturaleza impersonal, se asemejan a aquellos que pueden comprender únicamente el aspecto Brahman de la Verdad Absoluta. El estudiante que ha avanzado más puede conocer el disco solar, lo cual se asemeja al conocimiento acerca del aspecto Paramatma de la Verdad Absoluta. Y el estudiante que puede entrar en el corazón del planeta Sol, se asemeja a aquellos que comprenden las características personales de la Suprema Verdad Absoluta. En consecuencia, los bhaktas, o los trascendentalistas que han llegado a comprender el aspecto Bhagavan de la Verdad Absoluta, son los trascendentalistas más elevados de todos, si bien todos los estudiantes que están dedicados al estudio de la Verdad Absoluta se ocupan de lo mismo. La luz del Sol, el disco solar y los asuntos internos del planeta Sol no pueden separarse los unos de los otros, y, aun así, los estudiantes de las tres diferentes fases no se hallan en la misma categoría.

Parasara Muni, la gran autoridad y el padre de Vyasadeva, explica la palabra sánscrita bhagavan: la Suprema Personalidad que posee en pleno riquezas, fuerza, fama, belleza, conocimiento y renunciación, recibe el nombre de Bhagavan. Hay muchas personas que son muy ricas, muy poderosas, muy hermosas, muy famosas, muy eruditas y muy desapegadas, pero ninguna puede afirmar que posee por completo riquezas en pleno, fuerza en pleno, etc. Sólo Krishna puede afirmarlo, porque Él es la Suprema Personalidad de Dios. Ninguna entidad viviente, ni siquiera Brahma, el Señor Siva o Narayana, puede poseer opulencias en una plenitud tal como la de

Krishna. Por consiguiente, en El Brahma-samhita el propio Señor Brahma concluye que el Señor Krishna es la Suprema Personalidad de Dios. Nadie es igual a   Él ni está por encima de Él; Él es el Señor primordial, o Bhagavan, conocido como Govinda, y Él es la causa suprema de todas las causas.
"Hay muchas personalidades que poseen las cualidades de Bhagavan, pero Krsna es la suprema, porque ninguna otra lo supera a Él. Él es la Persona Suprema, y Su cuerpo es eterno y está colmado de conocimiento y bienaventuranza. Él es Govinda, el Señor primordial, y la causa de todas las causas" (El Brahma-samhita 5.1).
También en el Bhagavatam hay una lista de muchas encarnaciones de la Suprema Personalidad de Dios, pero a Krishna se le describe como la Personalidad de Dios original, de quien se expanden muchísimas encarnaciones y Personalidades de Dios:
"Todas las encarnaciones de la Divinidad que se presentan en estas listas, son, o bien expansiones plenarias, o bien partes de las expansiones plenarias de la Divinidad Suprema; pero Krishna es la Suprema Personalidad de Dios propiamente dicha" (Bhag. 1.3.28).
Así que, Krishna es la Suprema Personalidad de Dios original, la Verdad Absoluta, la fuente tanto de la Superalma como del Brahman impersonal.

Que Arjuna se lamentara por sus parientes en presencia de la Suprema Personalidad de Dios es ciertamente impropio, y, por lo tanto, Krishna expresó Su sorpresa con la palabra kutah, "de dónde". Esas impurezas no se esperaban de una persona perteneciente a la clase de los hombres civilizados conocidos como arios. La palabra "ario" se les aplica a personas que conocen el valor de la vida y que tienen una civilización basada en la comprensión espiritual. Las personas a las que las guía la concepción material de la vida, no saben que el objetivo de la misma es llegar a comprender a la Verdad Absoluta, Vishnu o Bhagavan, y a ellas las cautivan las características externas del mundo material, y, por consiguiente, no saben lo que es la liberación. Las personas que carecen de conocimiento acerca de la liberación del cautiverio material, reciben el nombre de anarya, "no arios". Aunque Arjuna era un ksatriya, al negarse a pelear se estaba apartando de sus deberes prescritos. Este acto de cobardía se describe como característico de los no arios. Semejante incumplimiento del deber no ayuda en el progreso de la vida espiritual, y ni siquiera le brinda a uno la oportunidad de volverse famoso en este mundo. El Señor Krishna no aprobó la supuesta compasión de Arjuna por sus parientes.

Aunque los ksatriyas tienen el deber de pelear, Arjuna no sabía si debía hacerlo y provocar con ello una violencia innecesaria, o si debía abstenerse y vivir de la mendicidad. Si él no vencía al enemigo, mendigar sería su único medio de subsistencia. Y tampoco había certeza del triunfo, porque cualquiera de los dos bandos podía lograr la victoria. Aun cuando les aguardara la victoria (y su causa estaba justificada), no obstante, si los hijos de Dhrtarastra morían en la batalla, sería muy difícil vivir en su ausencia. Ante tales circunstancias, eso sería para ellos otra clase de derrota. Todas estas consideraciones que hace Arjuna prueban de un modo definitivo que él no sólo era un gran devoto del Señor, sino que, además, estaba sumamente iluminado y tenía pleno control de la mente y los sentidos. Su deseo de vivir de la mendicidad, pese a haber nacido en la familia real, es otro signo de desapego. Él era verdaderamente virtuoso, tal como lo indican estas cualidades, unidas a su fe en las palabras de instrucción de Sri Krishna (su maestro espiritual). Se concluye, pues, que Arjuna era muy digno de liberarse. A menos que los sentidos se hallen bajo control, no hay ninguna posibilidad de elevarse al plano del conocimiento, y sin conocimiento y devoción no hay ninguna posibilidad de lograr la liberación. Arjuna era un competente en todos estos atributos, además de los enormes atributos que poseía en sus relaciones materiales.

La transmigración del alma

Dado que toda entidad viviente es un alma individual, cada una de ellas Cambia su cuerpo a cada momento y se manifiesta algunas veces como un niño, otras veces como un joven y otras como un anciano. Sin embargo, la misma alma espiritual está ahí presente y no sufre ningún cambio. Esta alma Individual cambia finalmente ese cuerpo al morir y transmigra a otro cuerpo.

Puesto que en su nacimiento siguiente esta alma seguramente tendrá otro cuerpo --ya sea material o espiritual-, Arjuna no tenía por qué lamentarse por la muerte, ya fuera de Bhishma o de Drona, por quienes estaba tan preocupado. Antes bien, debería regocijarse porque al morir ellos cambiarían sus cuerpos viejos por otros nuevos, renovando con ello su energía. Tales cambios de cuerpo son la causa de las variedades de goce o sufrimiento, de acuerdo a nuestro trabajo en la vida. Así, Bhishma y Drona siendo almas nobles, con toda seguridad iban a tener cuerpos espirituales en su vida siguiente o, por lo menos, tendrían vida en cuerpos celestiales para un goce superior de la existencia material. Así que en ninguno de los casos había motivo para lamentarse. Cualquier hombre que posee el conocimiento perfecto de la constitución del alma individual, la Superalma y la naturaleza, tanto material como espiritual, se llama dhitra, u hombre muy sobrio. Tal hombre nunca se confunde por el cambio de cuerpos. No es posible aceptar la teoría mayavadhi de que el Alma Suprema, mientras se está manifestando dentro del mundo material, se Convierte en innumerables almas diminutas, y de que al liberarse de este mundo material, las almas diminutas e individuales vuelven a convertirse en una sóla alma. No se puede aceptar esta teoría de ninguna manera, pues es un hecho que el Alma Suprema no puede reducirse a pedazos, como una porción fragmentaría. Esta fragmentación en almas individuales distintas convertiría al Supremo en algo seccionable o cambiable, contrariando el principio de que el Alma Suprema es inmutable.

Como se confirma en el Glta las porciones fragmentarias del Supremo existen eternamente (saniitana) y se llaman kfara; esto es, tienen la tendencia a caer en la naturaleza material. Estas porciones fragmentarias son así eternamente y aun después de la liberación, el alma individual permanece igual, o sea, fragmentaria. Pero una vez liberada, vive eternamente en conocimiento y bienaventuranza con la Personalidad de Dios. La teoría de la reflexión puede aplicarse a la Superalma, quien está presente en todos y cada uno de los cuerpos individuales, y que se conoce como Paramatma, el cual es diferente de la entidad viviente individual.

Cuando el cielo se refleja en el agua, los reflejos representan tanto al sol, como a la luna y también a las estrellas. Las estrellas pueden compararse a las entidades vivientes y el sol o la luna al Señor Supremo. Arjuna representa el alma espiritual, fragmentaria e individual, y la Personalidad de Dios, Sri Krishna, es el Alma Suprema. Como se explicará al principio del Capítulo Cuarto, no están en el mismo nivel. Si Arjuna está en el mismo nivel que krishna y Este no es superior a Arjuna, entonces su relación de instructor e instruido carece de sentido. Si ambos están alucinados por la energía ilusoria (maya), no hay entonces necesidad de que uno sea el instructor y el otro el instruido.   Tal instrucción sería inútil porque estando en las garras de maya, nadie puede ser un instructor autoritativo.

En estas circunstancias se admite que el Señor Krishna es el Señor Supremo, superior en posición a la entidad viviente, Arjuna, quien es un alma olvidadiza alucinada por maya.

El alma atómica

"Existen infinidad de partículas de átomos espirituales, cuyo tamaño es el de una diezmilésima parte de la punta de un cabello".

Por consiguiente, la partícula individual de alma espiritual es un átomo espiritual más pequeño que los átomos materiales, y dichos átomos son innumerables. Esta diminuta chispa espiritual constituye el principio básico del cuerpo material, y la influencia de semejante chispa espiritual se difunde por todo el cuerpo, tal como la influencia del principio activo de alguna medicina se difunde también a todo lo largo del cuerpo. Esta corriente del alma espiritual se siente por todo el cuerpo en forma de la conciencia, y ésa es la prueba de la presencia del alma. Cualquier profano puede entender que, sin conciencia, el cuerpo material es un cuerpo muerto, y esa conciencia no puede ser revivida en el cuerpo por ningún medio material que a éste se le administre. Luego la conciencia no se debe a ninguna cantidad de combinaciones materiales, sino al alma espiritual. En El Mundaka Upanisad (3.1.9) se explica adicionalmente la medida del alma espiritual atómica: "El alma es de un tamaño atómico, y se la puede percibir por medio de la inteligencia perfecta. Esa alma atómica flota en las cinco clases de aire (prana, apana, vyana, samana y udana), se halla dentro del corazón y extiende su influencia por todo el cuerpo de las entidades vivientes encarnadas. Cuando el alma se purifica de la contaminación de las cinco clases de aire material, su influencia espiritual se manifiesta"

El sistema de hatha-yoga tiene por objeto controlar las cinco clases de aire que rodean al alma pura, por medio de diferentes clases de posturas, no para obtener algún beneficio material, sino para liberar a la diminuta alma del enredo de la atmósfera material.
Es así como en todas las Escrituras védicas se admite la constitución del alma atómica, y ello también lo siente de hecho por la experiencia práctica cualquier hombre cuerdo.
Sólo un demente podría creer que esta alma atómica es visnu-tattva omnipresente.
La influencia del alma atómica se puede extender a todo lo largo de un cuerpo en particular. Según El Mundaka Upanisad, esta alma atómica está situada en el corazón de cada entidad viviente, y, como la medida

del alma atómica está más allá de la capacidad de apreciación de los científicos materiales, algunos de ellos afirman neciamente que el alma no existe. El alma atómica individual se encuentra, sin duda, allí en el corazón, junto con la Superalma, y por ello todas las energías del movimiento corporal emanan de esta parte del cuerpo. Los glóbulos rojos, que transportan el oxígeno de los pulmones, reciben su energía del alma. Cuando el alma abandona esa posición, cesa la actividad de la sangre de generar fusión. La ciencia médica acepta la importancia de los glóbulos rojos, pero no puede determinar que el alma es la fuente de la energía. La ciencia médica, sin embargo, admite que el corazón es el centro de todas las energías del cuerpo.

Esas partículas atómicas del todo espiritual son como las moléculas de la luz del Sol. En la luz del Sol hay innumerables moléculas radiantes. Así mismo, las partes fragmentarias del Señor Supremo son chispas atómicas de los rayos del Señor Supremo, que reciben el nombre de prabha, o energía superior. Entonces, ya sea que se siga el conocimiento védico o la ciencia moderna, uno no puede negar la existencia del alma espiritual en el cuerpo, y la ciencia del alma la describe en El Bhagavad-gita de modo explícito la propia Personalidad de Dios.

Cualitativamente, la pequeña parte atómica y fragmentaria del Espíritu Supremo es uno con el Supremo. A diferencia del cuerpo, ella no sufre ningún cambio. A veces, al alma se la llama lo fijo, o kuta-stha. El cuerpo está sujeto a seis clases de transformaciones: nace del vientre del cuerpo de la madre, permanece por algún tiempo, crece, produce algunos efectos, gradualmente se deteriora y, finalmente, desaparece en el olvido. El alma, sin embargo, no pasa por esos cambios. El alma no nace, pero como toma un cuerpo material, el cuerpo nace. El alma no nace allí, y el alma no muere. Todo lo que nace también tiene que morir, y como el alma no nace, por ende no tiene pasado, presente ni futuro. El alma es eterna, perenne y primordial, es decir, en la historia no figura ningún indicio de cuándo comenzó a existir. Por la impresión que el cuerpo nos produce, buscamos la historia del nacimiento del alma y otras almas y otras cosas similares acerca de ella. El alma no envejece en ningún momento, como ocurre con el cuerpo. El supuesto anciano, por consiguiente, se siente con el mismo espíritu que tenía en su infancia o en su juventud. Los cambios del cuerpo no afectan al alma. El alma no se deteriora como un árbol, ni como nada material. El alma tampoco tiene subproductos: los subproductos del cuerpo, es decir, los hijos, son también almas individuales diferentes, y a causa del cuerpo aparecen como hijos de un hombre en particular. El cuerpo se desarrolla por la presencia del alma, pero el alma ni tiene vástagos ni cambia. En consecuencia, el alma está libre de los seis cambios del cuerpo.

El cambio de cuerpo que sufre el alma individual atómica es un hecho aceptado. Hasta los científicos modernos —que no creen en la existencia del alma, pero al mismo tiempo no pueden explicar cuál es la fuente de la energía del corazón— tienen que aceptar los cambios continuos del cuerpo, que van ocurriendo de la infancia a la juventud, y de la juventud a la vejez. De la vejez, el cambio pasa a otro cuerpo. Esto ya se ha explicado en un verso anterior (2.13).

El traslado del alma individual atómica a otro cuerpo se vuelve posible por la gracia de la Superalma. La Superalma satisface el deseo del alma atómica, tal como un amigo satisface el deseo de otro.

Los Vedas —tales como El Mundaka Upanisad, así como también El Svetasvatara Upanisad— comparan al alma y a la Superalma con dos pájaros amigos posados en el mismo árbol. Uno de los pájaros (el alma individual atómica) se halla comiendo el fruto del árbol, y el otro pájaro (Krsna) simplemente observa a Su amigo. De los dos pájaros, aunque ambos son iguales en calidad, uno está cautivado por los frutos del árbol material, mientras que el otro simplemente observa las actividades de Su amigo. Krsna es el pájaro testigo, y Arjuna es el pájaro que come. Aunque son amigos, no obstante uno es el amo y el otro es el sirviente. Que el alma atómica olvide esa relación es la causa de su cambio de posición de un árbol a otro, o de un cuerpo a otro. El alma jiva está luchando muy afanosamente en el árbol del cuerpo material, pero en cuanto accede a aceptar al otro pájaro en el carácter de maestro espiritual supremo, tal como Arjuna accedió a hacerlo al entregarse a Krishna voluntariamente para que lo instruyera, el pájaro subordinado se libra de inmediato de todas las lamentaciones.

Todas estas cualidades del alma atómica demuestran de modo categórico que el alma individual es eternamente una partícula atómica del todo espiritual, y que eternamente sigue siendo el mismo átomo, sin ningún cambio. La teoría del monismo es muy difícil de aplicar en este caso, porque jamás se espera que el alma individual se vuelva con el todo una sola cosa homogénea. Después de liberarse de la contaminación material, puede que el alma atómica prefiera permanecer como una chispa espiritual de los refulgentes rayos de la Suprema Personalidad de Dios, pero las almas inteligentes entran en los planetas espirituales para asociarse con la Personalidad de Dios.

La palabra sarva-gatah (omnipresente) es significativa, porque no hay ninguna duda de que las entidades vivientes se encuentran por todas partes de la creación de Dios. Ellas viven en la tierra, en el agua, en el aire, dentro de la tierra, e incluso dentro del fuego. La creencia de que el fuego las aniquila no es admisible, porque aquí se afirma claramente que el fuego no puede quemar al alma. Por consiguiente, no hay duda alguna de que también en el planeta Sol hay entidades vivientes con cuerpos adecuados para vivir allí. Si el globo solar está deshabitado, entonces la palabra sarva-gatah —viviendo en todas partes— carecería de sentido.

Como se dijo anteriormente, la magnitud del alma es tan pequeña para nuestros cálculos materiales, que no se la puede ver ni siquiera con el microscopio más potente que existe. Por lo tanto, es invisible. En lo que respecta a la existencia del alma, nadie puede establecerla de un modo experimental, más allá de la prueba que da el sruti, o la sabiduría védica. Tenemos que aceptar esta verdad, porque no hay ninguna otra fuente que sirva para entender la existencia del alma, si bien dicha existencia es un hecho para la percepción. Hay muchas cosas que se tienen que aceptar exclusivamente en base a una autoridad superior. Nadie puede negar la existencia de su padre, pues ésta la señala la madre, que en este caso es la autoridad. Con excepción de la autoridad de la madre, no existe ninguna otra manera de llegar a conocer la identidad del padre. Así mismo, no hay ninguna otra fuente para llegar a entender el alma, aparte del estudio de los Vedas. En otras palabras, el alma es inconcebible a través del conocimiento experimental humano. El alma es conciencia y es consciente; eso también lo declaran los Vedas, y tenemos que aceptarlo. A diferencia de los cambios que ocurren en el cuerpo, en el alma no hay ningún cambio. Siendo inmutable eternamente, el alma permanece como un ente atómico en comparación con la infinita Alma Suprema. El Alma Suprema es infinita, y el alma atómica es infinitesimal. En consecuencia, el alma infinitesimal, siendo inmutable, nunca puede volverse igual al alma infinita, es decir, a la Suprema Personalidad de Dios. Este concepto se repite en los Vedas de diferentes maneras, tan sólo para confirmar la estabilidad de la concepción del alma. La repetición de algo es necesaria para que uno entienda el asunto perfectamente, sin ningún error.

Siempre existe una clase de filósofos muy semejantes a los budistas, que no creen en la existencia separada del alma más allá del cuerpo. Cuando el Señor Krishna habló El Bhagavad-gita, parece ser que esa clase de filósofos ya existía, y se los conocía como los lokayatikas y vaibhasikas. Estos filósofos sostenían que las señales de vida aparecen cuando las combinaciones materiales alcanzan cierta condición de madurez. El científico material moderno y los filósofos materialistas también son de la misma opinión. Según ellos, el cuerpo es una combinación de elementos físicos, y en determinada etapa las señales de vida se desarrollan por la interacción de los elementos químicos y físicos. La ciencia de la antropología se basa en esta filosofía. En la actualidad, muchas seudorreligiones —que ahora se están poniendo de moda en América— también se adhieren a esta filosofía, así como también a las sectas budistas, nihilistas y no devocionales.

Incluso si Arjuna no creía en la existencia del alma, como se indica en la filosofía vaibhasika, aun así no había causa alguna de lamentación. Nadie lamenta la pérdida de una cierta masa de sustancias químicas y por ello deja de desempeñar su deber prescrito. Por otra parte, en la ciencia moderna y en la guerra científica se desperdician muchas toneladas de sustancias químicas para vencer al enemigo. De acuerdo con la filosofía vaibhasika, la supuesta alma, o atma, desaparece con el deterioro del cuerpo. De modo que, sea cual fuere el caso, ya sea que Arjuna aceptara la conclusión védica de que existe un alma atómica o que no creyera en la existencia del alma, no tenía por qué lamentarse. Según esta teoría, puesto que hay muchísimas entidades vivientes que se generan de la materia a cada momento, y muchísimas de ellas que son aniquiladas a cada momento, no hay por qué afligirse por semejante incidente.   Si el alma no iba a volver a nacer, no había motivo de que Arjuna temiera ser afectado por reacciones pecaminosas a causa de matar a su abuelo y a su maestro. Pero, al mismo tiempo, Krishna se dirigió a Arjuna sarcásticamente y lo llamó maha-baho, él de los poderosos brazos, porque al menos Él no aceptaba la teoría de los vaibhasikas, la cual deja a un lado la sabiduría védica. Arjuna, como ksatriya que era, pertenecía a la cultura védica, y le correspondía seguir los principios de ella.

Aceptando que hay dos clases de filósofos —unos que creen en la existencia del alma y otros que no creen en ella—, en ninguno de los dos casos hay motivo de lamentación. A los que no creen en la existencia del alma, los seguidores de la sabiduría védica los llaman ateos. Sin embargo, si por el solo hecho de argumentar aceptamos la teoría atea, aun así no hay motivo de lamentación. Aparte de la existencia separada del alma, los elementos materiales permanecen en un estado no manifiesto antes de la creación. De ese estado sutil de no manifestación surge la manifestación, tal como del éter se genera el aire, del aire se genera el fuego, del fuego se genera el agua, y del agua se manifiesta la tierra. De la tierra se generan muchas variedades de manifestaciones. Tomemos por ejemplo un gran rascacielos que se manifiesta a partir de la tierra. Cuando se derrumba, la manifestación pasa de nuevo al estado no manifiesto, y, en la última etapa, permanece en la forma de átomos. La ley de la conservación de la energía se mantiene, pero, en el transcurso del tiempo, las cosas se manifiestan y dejan de manifestarse; ésa es la diferencia. Entonces, ¿qué razón hay para lamentarse, ya sea en la etapa de manifestación o en la de no manifestación? De una forma u otra, incluso en la etapa no manifestada, las cosas no se pierden. Tanto al principio como al final, todos los elementos permanecen no manifestados, y únicamente se manifiestan en el intermedio, lo cual no crea ninguna diferencia material verdadera.

Y si aceptamos la conclusión védica tal como se expone en El Bhagavad-gita, es decir, que estos cuerpos materiales van a perecer a su debido tiempo (antavanta ime dehah), pero que el alma es eterna (nityasyoktah saririnah), entonces debemos recordar siempre que el cuerpo es como un traje; así que, ¿por qué lamentarse por el cambio de un traje? El cuerpo material no tiene existencia real en relación con el alma eterna. Es algo así como un sueño. En un sueño puede que uno crea que está volando por el cielo o que es un rey y que está sentado en una cuadriga; pero cuando se despierta, puede ver que ni está en el cielo ni está sentado en la cuadriga. La sabiduría védica fomenta el cultivo de la autorrealización en base a la no existencia del cuerpo material. Por consiguiente, ya sea que uno crea en la existencia del alma o no crea en ella, en cualquiera de los dos casos no hay razón para lamentarse por la pérdida del cuerpo.

Es sin duda muy asombroso el hecho de que el alma atómica se halle en el cuerpo de un gigantesco animal, en el cuerpo de un gigantesco árbol baniano y también en los microbios, millones y billones de los cuales ocupan tan sólo un centímetro de espacio. Hombres con un escaso acopio de conocimiento y hombres que no son austeros no pueden entender las maravillas de la chispa espiritual atómica e individual, pese a que lo explica la más grande de todas las autoridades del conocimiento, quien le impartió lecciones incluso a Brahma, el primer ser vivo del universo. Debido a una concepción material burda de las cosas, la mayoría de los hombres de esta era no pueden imaginarse cómo una partícula tan pequeña puede al mismo tiempo volverse tan grande y tan pequeña. Así pues, los hombres consideran que el alma propiamente dicha es maravillosa, ya sea por constitución o por descripción. Ilusionada por la energía material, la gente está tan inmersa en cuestiones relacionadas con la complacencia de los sentidos, que tiene muy poco tiempo para entender el asunto de la comprensión del ser, si bien es un hecho que, sin esa comprensión del ser, todas las actividades que se realizan en la lucha por la existencia, terminan al final en el fracaso. Tal vez uno no tenga idea de que debe pensar en el alma y, además, buscarles una solución a los sufrimientos materiales.

Algunas personas que están inclinadas a oír hablar del alma puede que asistan a conferencias con buena compañía, pero a veces, debido a la ignorancia, se desvían y aceptan que la Superalma y el alma atómica son una sola, sin diferencia de magnitud. Es muy difícil encontrar a un hombre que comprenda perfectamente la posición de la Superalma, la del alma atómica, sus funciones respectivas, sus relaciones, y todos los demás detalles, grandes y pequeños. Y es aún más difícil encontrar a un hombre que haya extraído el beneficio pleno del conocimiento del alma, y que sea capaz de describir la posición del alma en los diferentes aspectos. Pero si de una forma u otra, uno es capaz de entender la materia que trata del alma, entonces su vida es un éxito.

Filosofía Sankhya

Según El Nirukti, o el diccionario védico, sankhya significa aquello que describe las cosas en detalle, y sankhya se refiere a aquella filosofía que describe la verdadera naturaleza del alma.

Y yoga implica controlar los sentidos. La proposición de Arjuna de no pelear se basaba en la complacencia de los sentidos. Olvidando su deber primordial, quería dejar de pelear, porque creía que si no mataba a sus parientes, sería más feliz que si disfrutaba del reino después de conquistar a sus primos y hermanos, los hijos de Dhrtarastra. En ambos casos, el principio básico era la complacencia de los sentidos. Tanto la felicidad que se obtendría de conquistar a sus parientes, como la felicidad de verlos vivos, tienen ambas por base la complacencia personal de los sentidos, incluso a costa de la sabiduría y el deber. Por consiguiente, Krishna quería explicarle a Arjuna que, al matar el cuerpo de su abuelo, no mataría al alma en sí, y le explicó que todas las personas individuales, entre ellas el mismo Señor, son individuos eternos: fueron individuos en el pasado, son individuos en el presente, y continuarán siendo individuos en el futuro, porque todos nosotros somos almas individuales eternamente. Nosotros tan sólo cambiamos nuestros trajes corporales de diferentes maneras, pero de hecho mantenemos nuestra individualidad, incluso después de liberarnos del cautiverio del traje material. El Señor Krishna ha expuesto de un modo muy gráfico un estudio analítico del alma y el cuerpo. Y ese conocimiento descriptivo del alma y el cuerpo desde diferentes puntos de vista, se ha descrito aquí con el nombre de sankhya, en términos del diccionario Nirukti. La filosofía sankhya se halla expuesta en El Srimad-Bhagavatam por el Señor Kapila, la encarnación del Señor Krishna, el cual se la explicó a Su madre, Devahuti. Él explica claramente que el purusa, o el Señor Supremo, es activo, y que Él crea mediante el hecho de lanzarle una mirada a la prakrti. Esto se acepta en los Vedas y en el Gita. La descripción de los Vedas indica que el Señor le lanzó una mirada a la prakrti, la naturaleza, y la fecundó con almas atómicas individuales. Todos esos individuos trabajan en el mundo material en aras de la complacencia de los sentidos, y, bajo el hechizo de la energía material, creen que son disfrutadores. Esta mentalidad se arrastra hasta la última etapa de la liberación, cuando la entidad viviente quiere volverse uno con el Señor. Ésa es la última trampa de maya, o de la ilusión de la complacencia de los sentidos, y sólo después de muchísimos nacimientos dedicados a esa clase de actividades de complacencia sensual, una gran alma se entrega a Vasudeva, el Señor Krishna, concluyendo así la búsqueda tras la verdad última. Al entregarse a Krishna, Arjuna ya lo había aceptado como su maestro espiritual: sisyas te 'ham sadhi mam tvam prapannam. En consecuencia, Krishna le va a hablar ahora acerca del proceso de trabajar en estado de buddhi-yoga o karma-yoga o, en otras palabras, de la práctica del servicio devocional únicamente para la complacencia de los sentidos del Señor. En el Capítulo Diez,

El buddhi-yoga es una comunión directa con el Señor, el cual está situado en forma de Paramatma en el corazón de cada cual. Pero dicha comunión no se lleva a cabo sin el servicio devocional.

Por lo tanto, aquel que le está prestando al Señor un amoroso servicio trascendental o devocional, o, en otras palabras, que se halla en estado de conciencia de Krishna, alcanza esa etapa de buddhi-yoga en virtud de la gracia especial del Señor. El Señor dice, por ende, que Él sólo les confiere el conocimiento puro de la devoción amorosa, a aquellos que siempre están dedicados al servicio devocional movidos por el amor trascendental. De esa manera, el devoto puede alcanzar al Señor fácilmente en el siempre bienaventurado Reino de Dios. Así pues, el buddhi-yoga que se menciona en este verso es el servicio devocional del Señor.

Sankhya significa "descripción analítica del cuerpo y el alma".

El Señor Krishna hizo una descripción analítica del alma, tan sólo para llevar a Arjuna hasta el plano del buddhi-yoga, o bhakti-yoga. Por lo tanto, el sankhya del Señor Krishna y el sankhya del Señor Kapila, tal como se describe en el Bhagavatam, son una misma y única cosa. Ambos son bhakti-yoga. El Señor Krsna dijo, pues, que sólo la clase de hombres poco inteligentes hacen una distinción entre el sankhya-yoga y el bhakti-yoga (sankhya- yogau prthag balah pravadanti na panditah). Uno debe entender que buddhi-yoga significa trabajar con conciencia de Krishna, en medio de la bienaventuranza y conocimiento plenos del servicio devocional. Aquel que trabaja únicamente en aras de la satisfacción del Señor, por difícil que dicho trabajo sea, trabaja bajo los principios del buddhi-yoga y se encuentra inmerso siempre en la dicha trascendental. Mediante esa ocupación trascendental y por la gracia del Señor, uno adquiere automáticamente plena comprensión trascendental, y, de ese modo, su liberación se completa por sí sola, sin que se tengan que hacer esfuerzos ajenos para adquirir conocimiento. Hay una gran diferencia entre el trabajo con conciencia de Krishna y el trabajo que se realiza en busca de los resultados fruitivos, especialmente en lo que respecta a la complacencia de los sentidos para lograr resultados en función de la felicidad familiar o material. Buddhi-yoga es, entonces, la cualidad trascendental del trabajo que realizamos. A menos que uno se sitúe en el plano trascendental, no es posible dejar de complacer los sentidos. El proceso de la restricción del disfrute sensual mediante reglas y regulaciones, es algo así como restringirle cierta clase de alimentos a una persona enferma. Al paciente no le gustan tales restricciones, ni dejan de gustarle los alimentos.

De igual manera, la restricción de los sentidos mediante algún proceso espiritual, tal como el astanga-yoga —que comprende el yama, niyama, asana, pranayama, pratyahara, dharana, dhyana, etc. —, se recomienda para personas que no han conocido nada mejor.

Pero aquel que ha probado la belleza del Supremo Señor Krishna en el transcurso de su avance en el proceso de conciencia de Krishna, pierde el gusto por las cosas materiales muertas. Por consiguiente, las restricciones están hechas para los neófitos en la vida espiritual, y esas restricciones son buenas únicamente hasta que uno saborea de hecho el proceso de conciencia de Krishna. Cuando uno verdaderamente está consciente, de forma automática dejan de gustarle las cosas desabridas. Hay dos clases de hombres inteligentes. Uno es inteligente en relación con las actividades materiales para la complacencia de los sentidos, y el otro es introspectivo y se mantiene alerta en el cultivo de la autorrealización. Las actividades del sabio introspectivo, o del hombre sensato, son la noche para las personas absortas en lo material. Las personas materialistas permanecen dormidas en esa clase de noche, por no saber nada acerca de la autorrealización. El sabio introspectivo permanece alerta en la "noche" de los hombres materialistas. El sabio siente un placer trascendental en el adelanto gradual del cultivo espiritual, mientras que el hombre sumido en las actividades materialistas, encontrándose dormido para la autorrealización, sueña con diversos placeres sensuales, sintiéndose a veces feliz y a veces afligido en su condición dormida. El hombre introspectivo siempre se muestra indiferente a la felicidad y congoja materialistas. Él continúa con sus actividades de autorrealización, sin que lo perturben las reacciones materiales

Resumen del Contenido del Gita

Sañjaya dijo: Al ver a Arjuna lleno de compasión y muy acongojado, sus ojos colmados de lágrimas, Madhusudana, Krishna, habló las siguientes palabras.

La Persona Suprema (Bhagavan) dijo: Mi querido Arjuna, ¿de dónde te han venido estas impurezas? no son en absoluto dignas de un hombre que conoce los valores progresivos de la vida. No conducen a los planetas superiores, sino a la infamia.

¡Oh hijo de Ptthi! no cedas a esta impotencia degradante. No te corresponde. Abandona esa mezquina flaqueza de corazón y levántate, ¡oh castigador del enemigo!

Arjuna dijo: ¡Oh destructor de Madhu, Krishna! , ¿Cómo puedo contraatacar con flechas en la batalla a hombres como Bhishma y Drona, quienes son dignos de mi adoración?

Es mejor vivir en este mundo mendigando, que vivir a costa de la vida de las grandes almas que son mis maestros. Aunque sean codiciosos no dejan de ser superiores. Si se les mata, nuestro botín quedará manchado de sangre.

Ni sabemos qué es mejor: si vencerlos o ser vencidos por ellos. Ante nosotros, en este campo de batalla, están ahora los hijos de Dhitarastra. Si los matásemos, no nos importaría vivir.

Ahora estoy confuso acerca de mi deber y a causa de mi flaqueza he perdido toda compostura. En esta condición Te pido que me digas claramente lo que es mejor para mí, ahora soy Tu discípulo y un alma rendida a Ti. Por favor instrúyeme.

No encuentro ninguna forma de apartar de mí esta pesadumbre que está secando mis sentidos. No podré exterminarla aunque gane un reino sin igual en la tierra, con soberanía semejante a la de los semidioses en el cielo.

Sañjaya dijo: habiendo hablado así, Arjuna, el castigador de los enemigos, le dijo a Krishna, "Govinda, no lucharé", y enmudeció.

¡Oh descendiente de Bharata!, en ese momento Krishna, sonriendo, en medio de ambos ejércitos, habló las siguientes palabras al desconsolado Arjuna.

El Señor Bendito dijo: Al hablar palabras doctas te lamentas por lo que no es digno de lamentación. Aquellos que son sabios no se lamentan ni por los vivos ni por _los muertos.

No hubo jamás un tiempo en que Yo no existiese; ni tú, ni todos estos Reyes; ni en el futuro ninguno de nosotros dejará de existir.

Así como en este cuerpo, el alma corporificada continuamente pasa de la niñez a la juventud y luego a la vejez, en forma similar, cuando llega la muerte el alma pasa a otro cuerpo. El alma autorrealizada no se confunde por tal cambio.

¡Oh hijo de Kuntl! la aparición temporal de la felicidad y la aflicción y su desaparición a su debido tiempo, son como la aparición y desaparición de las estaciones del invierno y el verano. Surgen de la percepción proveniente de los sentidos y uno debe aprender a tolerarlas sin disturbarse, ¡oh vástago de Bharata!

¡Oh el mejor entre los hombres (Arjuna)!, la persona que no se perturba por el dolor ni por la felicidad y permanece firme en ambos, ciertamente es elegible para la liberación.

Aquellos que son videntes de la verdad han concluido que no hay duración de lo inexistente, ni cesación de lo existente. Los videntes han concluido esto mediante el estudio de la naturaleza de ambos.

Sabed que aquello que penetra todo el cuerpo es indestructible. Nadie puede destruir el alma imperecedera.
Sólo el cuerpo material de la entidad viviente, la cual es indestructible, inconmensurable y eterna, está sujeto a destrucción; por lo tanto lucha, ¡oh descendiente de Bharata!

Quien piensa que la entidad viviente es la que mata o es muerta, no comprende. Aquel que tiene conocimiento sabe que el yo ni mata ni es muerto.

Nunca hay nacimiento ni muerte para el alma. Ni habiendo sido una vez, deja de ser jamás. El alma es innaciente, eterna, siempre existente, inmortal y primordial. No se le mata cuando se mata al cuerpo.

¡Oh Partha! , sabiendo que el alma es indestructible, sin nacimiento, eterna e inmutable, ¿cómo puede una persona matar a alguien o hacer que alguien mate?

Tal como una persona se pone nuevas vestiduras desechando las viejas, en forma similar, el alma acepta nuevos cuerpos materiales, abandonando los viejos e inútiles.

Al alma nunca se le puede cortar en pedazos con ninguna arma, ni puede quemarla el fuego, ni humedecerla el agua, ni marchitarla el viento.

Esta alma individual es irrompible e insoluble y no se le puede quemar ni secar. Es sempiterna, omnipenetrante, inmutable, inmóvil y eternamente la misma.

Se dice que el alma es invisible, inconcebible, inmutable e inalterable. Sabiendo esto, no debes afligirte por el cuerpo.

Y aun si piensas que el alma nace perpetuamente y siempre muere, aun así, no tienes razón para lamentarte, ¡ oh el de los poderosos brazos!

Para el que nace la muerte es segura; y para el que ha muerto el nacimiento es seguro. Por lo tanto, no debes lamentarte en el inevitable desempeño de tu deber.

Todos los seres creados son no manifiestos en su comienzo, manifiestos en su estado intermedio y otra vez no manifiestos cuando son aniquilados. Así pues, ¿qué necesidad tienes de lamentarte?

Algunos consideran el alma como algo asombroso, otros la describen como algo asombroso y otros oyen de ella como algo asombroso, mientras que otros, aun después de haber oído acerca de ella, no logran comprenderla en absoluto.

¡Oh descendiente de Bharata! el que mora en el cuerpo es eterno y nunca puede ser matado. Así pues, no debes lamentarte por ninguna criatura.

Considerando tu deber específico como ksatriya, debes saber que no existe para ti una ocupación mejor que la de luchar con base en los principios religiosos, así que no hay necesidad de titubear.

¡Oh Partha! dichosos los ksatriyas a quienes sin buscarlas, se les presentan semejantes oportunidades de lucha, abriéndoles de par en par las puertas de los planetas celestiales.

No obstante, si no luchas en esta guerra religiosa, entonces ciertamente incurrirás en pecado por desatender tus deberes y así, perderás tu reputación como guerrero.

La gente hablará siempre de tu infamia y para quien ha recibido honores, el deshonor es peor que la muerte.

Krishna nos recuerda:

> **yada yada hi dharmasya**
> **glanir bhavatibharata**
> **abhyutthanam adharmasya**
> **tadatmanam srjamy aham**

Cuando quiera y donde quiera que haya una declinación en la práctica religiosa. ¡Oh, descendiente de Bharata!, y un aumento predominante de la irreligión; en ese entonces Yo mismo desciendo.

Su Divina Gracia A.C. bhaktivedanta Swami Prabhupada
Recibiendo iniciación de su maestro espiritual.
Bhaktisiddhanta Sarasvati Gosvami

Srila Prabhupada en 1922, conoció a su maestro espiritual, Bhaktisiddhanta Sarasvati Gosvami y esto cambió el curso de su vida. Srila Bhaktisiddhanta dijo en seguida: ¿Por qué no predica el mensaje de Krishna por todo el mundo? En julio de 1966 fundó una sociedad espiritual. La llamó Sociedad Internacional para la Conciencia de Krishna Así cumplió la instrucción de su Maestro, que en todo el mundo se conociera las palabras

Hare Krishna Hare Rama.

EL AUTOR

Japananda Das ACBSP, (20 de diciembre de 1953) es discípulo directo de Srila A.C. Bhaktivedanta Swami Prabhupada, Desde muy temprana edad su búsqueda incesante lo ha llevado a escudriñar las escrituras sagradas de la India.

Como todos los de su generación, busco en diferentes Maestros, Gurus, y escritores este mundo tan rico del conocimiento y la auto-realización.

Fue la época en que aparecieron Maharishi Mahesh Yogi, Guru Maharaji, Shree Rajneesh y por supuesto Srila A.C. Bhaktivedanta Swami Prabhupada.

La literatura era asombrosa, con textos como El tercer ojo de Lobsang Rampa, la saga de Hermann Hesse, los de auto ayuda y el despertar de la mente de Tus Zonas Erróneas de Wayne W. Dyer. Gurus literarios como Ramacharaka. Paramahansa Yogananda y sus sistemas de Yoga.

En la música por la gracia de George Harrison de The Beatles, sono por primera vez para muchos el mantra Hare Krishna y con él la música Hindu de Ravi Shankar.

Fue ese deseo de conocimiento lo que lo llevo a buscar la forma de practicar esta enseñanza y por ende entrar en el Ashram de su Maestro espiritual, recibiendo su iniciación en septiembre de 1976 en Buenos Aires. Y la segunda iniciación Brahminica, donde recibió el Cordón Sagrado y los mantras Gayatri, a mediados del año 1977.

Su principal trabajo fue la apertura de centros de conocimiento y la impresión y distribución de libros de su Maestro.

En el año 2015 ha editado dos libros con las enseñanzas de su maestro, una recopilación resumida de la vida y obra del Creador del movimiento de Sankirtan en la India (canto congregacional de los santos nombres) SRI CHAITANYA MAHAPRABHU. EL CARÁCTER DE LA FUERZA VITAL DE LA INMORTALIDAD. Y BHAGAVAD GITA TAL COMO ES. RESUMEN DEL GITA. VEDAS, EL BHAGAVAD-GITA BILINGÜE y ahora YOGA, una síntesis de los sistemas más populares del yoga, explicado de una forma simple y amena. Un libro perfecto para quien quiere escudriñar las raíces de este antiguo y transcendental conocimiento de la rica India Mistica.

LIBROS EN ESPAÑOL ESCRITOS POR
A.C.Bhaktivedanta Swami Prabhupada.
Mi maestro espiritual

Libros Esenciales
Bhagavad Gita tal como es
Krishna, la fuente del placer
La vida proviene de la vida
Un gusto superior
Prabhupada
Introductorios
Isopanisad
El rey del conocimiento
El nectar de la instrucción
En el camino a Krishna
Enseñanzas de Kapiladeva
Enseñanzas de la Reina Kunti
Más alla del nacimiento y de la muerte
Meditación y superconciencia
La perfección del yoga
Volver a nacer
Viaje fácil a otros planetas
Preguntas perfectas, respuestas perfectas
Samsara
Clásicos
Srimad Bhagavatam
Caitanya Caritamrta
El Nectar de la devoción

Libros de Japananda dasa ACBSP
Sri Chaitanya Mahaprabhu.
(El carater de la fuerza vital de la inmortalidad)
El Bhagavad- gita tal como es
(Resumen del contenido del Gita)
Vedas
Bhagavad – gita Bilingüe
Yoga
(Recopilación de conocimiento transcendental)

Libros de Srila Japananda Das Acbsp

Bhagavad Gita: Resumen del Gita (Bhagavad Gita Tal Como Es)

EUR 4,85

El Bhagavad-gita Es universalmente reconocida como la joya de la sabiduría espiritual de la India. Expuesto por el Señor Krishna. La Suprema Personalidad de Dios a Su íntimo discípulo y amigo Arjuna. Los setecientos versos del Gita proporcionar una guía definitiva a la ciencia de la autorealización. Ninguna otra obra filosófica o religiosa revela, de manera lúcida y profunda, la naturaleza de la conciencia, el yo, el universo y el Supremo.

Sri Chaitanya Mahaprabhu:

El Carácter de la Fuerza Vital de la Inmortalidad (Chaitanya Charitambrita)

EUR 3,86

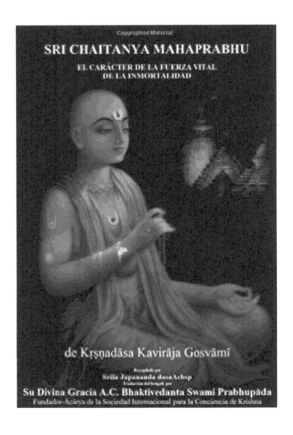

Esta es la obra principal sobre la vida y enseñanzas del pionero de un gran movimiento social y religioso que comenzó en la India hace unos quinientos años y que ha influido directa e indirectamente en el curso posterior del pensamiento religioso y filosófico, no sólo de la India, sino del mundo entero.

Vedas:

Recopilación de conocimiento transcendental

EUR 5,92

VEDAS, una manera simple de mostrar su contenido y finalidad, guiándolos a través de referencias, títulos, maestro y toda clase de información, para que el estudiante serio pueda llegar a entender este gran regalo que nos da la antigua y rica tradición de la India. Las escrituras Vedicas son literatura espiritual de la antigua cultura de la India, escrita en lenguaje Sánscrito.

Yoga:

Recopilación, Todos los sistemas de Yoga

EUR 9,88

El Yoga Se originó en la India hace más de 5000 años, como una ciencia de la vida para conservar la salud física, lograr la ecuanimidad mental y emocional y responder a preguntas filosóficas universales como la verdad sobre la existencia y el universo, el origen del sufrimiento y la manera de alcanzar la felicidad como un estado interior. Durante siglos se ha implementado como un sistema psicológico, médico y espiritual.

Bhagavad-gita Bilingüe: Spanish - English Bhagavad-gita

EUR 10,01

Bhagavad-gita, La Canción del Señor. 700 versos divididos en 18 capítulos. Un resumen practico de los 108 Upanishads También llamado Gitopanishad, es uno de los libros más antiguos de metafísica y Filosofía oriental. Enseña la comprensión de las cinco verdades, La existencia de Krishna, Ishvara, la verdad absoluta, Jivas o entidades vivientes, Prakriti la naturaleza material, Kala el tiempo eterno y Karma, la acción.

Srimad Bhagavad-gita
Four Authorized Vaisnava Sampradaya
3 Volume of 600 pages

EUR 17.74 each

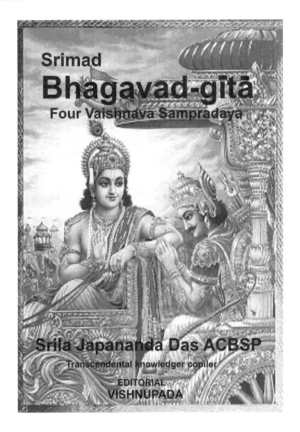

Editorial Vishnupada offering this presentation of Srimad Bhagavad-Gita to the Earth as a gift to humanity.

It is our humble but earnest request that this information be made easily available to every culture in this world. The knowledge found within the Bhagavad-Gita is incomparable as it gives specific information regarding the purpose of human existence, the immortality of the soul and our eternal relationship with God.

El Diálogo Interno
La fuente de la felicidad

EUR 3,86

Este libro, a través del dialogo interno, toma como base algunas de las dudas de Arjuna en el Bhagavad-gita de Krishna Dwaipayana Vyasa y Krishna las responde como si fuera nuestra consciencia la que nos entrega esas verdades.

Las consultas al autor pueden ser enviadas a:

Srila Japananda Das Acbsp

e-mail Japanandadasacbsp@live.com

Link https://www.amazon.es

https://www.amazon.es/Libros-Sri-Japananda-dasa-Acbsp/s?ie=UTF8&page=1&rh=n%3A599364031%2Cp_27%3ASri%20Japananda%20dasa%20Acbsp

Made in United States
Troutdale, OR
02/22/2024

17910952R00046